돌이나 물이나 그런

남태식 시인은 2003년 ≪리토피아≫로 등단했다. 시집으로 『속살 드러낸 것들은 모두 아름답다』, 『내 슬픈 전설의 그 뱀』, 『망상가들의 마을』, 『상처를 만지다』가 있다. 리토피아문학상, 김구용시문학상을 수상했다. 계간 ≪리토피아≫ 편집위원이며 리토피아문학회 회원, 막비시동인으로 활동하고 있다.

e메일 : tsnbd@hanmail.net

리토피아포에지 · 149
돌이나 물이나 그런

인쇄 2023. 7. 10 발행 2023 7. 15
지은이 남태식 펴낸이 정기옥
펴낸곳 리토피아
출판등록 2006. 6. 15. 제2006-12호
주소 21315 인천시 부평구 평천로255번길 13, 부평테크노파크M2 903호
전화 032-883-5356 전송032-891-5356
홈페이지 www.litopia21.com 전자우편 litopia999@naver.com

ISBN-978-89-6412-185-6 03810

값 15,000원

남태식 시집

돌이나 물이나 그런

리토피아
LITERATURE & UTOPIA

시인의 말

발견하는 언어

배제의 언어가 있다.
삭제의 언어가 있다.

낯익으나 낯선, 가까이 있으나 먼,
추앙하나 존중하지 않는,

뭉뚱그리는, 입술을 일그러뜨리는,
딱 여기까지! 선을 긋는.

발견해야 하는 언어가 있다.
복원해야 하는 언어가 있다.

안 된다면 발명이라도 해야 하는 언어가 있다.

배제와 삭제가 멀지 않듯이
발견과 발명도 멀지는 않다.

신화와 과학이 가까이 있듯이
운동도 운동 가까이에 있다.

권력의 언어는 촘촘하다.

은퇴 4년째, 2023년 봄.
남태식

차례

제1부 소사小史

제2부 이튿날 새벽

제3부 위드 코로나

제4부 기면嗜眠

제5부 광주

제1부

소사小史

호주戶主

남편이 죽었을 때
여자는
가족들을 건사하는
유일한 부양자였지만
호주는
미성년자인
아들에게로 넘어갔다.

그때는
그것이 법이었다.

여자는 죽어서
새집을 마련하고
단독 일가를 이루었다.

오래전 떠난 남편이
예고 없이
새집의 한 귀퉁이를
비집고 들어오고

새 일가의
호주가
결정되었다.

호주는
남편이었다.

여자는
죽어서도
호주가 못 되었다.

줄장미

하숙하는 인부들
찬거리 사러
오일장 갔다가
여자는 금세
되돌아왔다.

장터 들머리에서
줄장미를
만났다.

담벼락을 잡고
쭉쭉 뻗어
한 철
마당을
환하게 밝힐
줄장미
꽃,

붉은!

장 볼 돈
톡 털어서
다 떨었다.

사 온 줄장미
여러 그루
담장 아래
대충
널찍
심어놓고
여자는 다시
장 보러 갔다.

사정들

남편이 죽자
쌀독이 비었다.

여자는 방 몇을 비우고
하숙을 쳤다.

7번 국도 공사
하청업체에
마당을 빌려줬더니
가건물을 짓고
함바를 열었다.

1차 공사가 끝나자
인부들이 줄었고
함바는 장사를 접었다.

남은 인부들이 사정해서
여자는 몇 달
밥 손님을 받았다.

밥 먹던 인부들이 떠나고
이어서 들어온 인부들이
같은 사정을 했다.

망연자실하여
쌀 꾸러 간 적이
몇 해 전이었고
막내는 고등학생이었다.

책상물림인 넷째가
대학을 포기하고 그 기간
자유롭게 살겠다고 해서
애써 내막을 더 묻지 않고
그러라고 한 뒤였다.

당장 한 푼이
아쉽지 않은 건 아니었지만
그럼에도 불구하고

여자는 그 여러
돈 쓰고 벌 사정을
다 밀어내었다.

"올해는 운이 좋아
쓰고 남을 만큼
벌었네요.
내년에 오신다면
그때는 해드릴게요."

선보다

이슬 걷히기 전이었는데
한 삼십 리쯤
능선들을 넘고
방둑과 신작로를
싸게 걸어
산길을 올라
몇 동네를 지나쳐
이르렀더니
해가 중천이었다.

길에서 훤한 마당에
젊은 사내들 여럿
놀고 있었다.

여자는
짚가리 뒤에
몸을 숨기고
같이 간 이에게
그 댁이 어디냐

물어보라 일렀다.

한 사내가 우리집인데요
하고 나서는데
키가 훤칠하고
인상이 나쁘잖았다.

양가 두 어른이
술자리에서
얼굴도 본 적 없는 이와
정혼을 했다길래
몇 날을 속 끓이다가
나선 길이었다.

그때 나이 스무 살
여자는 돌아와 두말없이
혼인 준비를 했다.

소사小史

*

여자는
언제 죽었나.

**

여자는
여든여덟 해를
살았다.

스물에
술자리 혼사로
시집와
장손댁
맏며느리가 되었다.

혼인한 지
얼마 되지 않아
남편이

혼자
일자리를 따라
객지로 떠났다.

딸만 내리
셋을 낳고
단산을 선언했다.

막내딸만 데리고
시댁을 나와
남편과 합쳤다.

합친 뒤에
단산 선언이 무색하게
아들을 내리
둘을 낳았다.

써 본 민간요법이
다 안 통해서

결국
딸 하나를
더 낳았다.

그새
시댁에 두고 온
딸 하나가
죽었다.

남편의 퇴직으로
객지 생활을 접고
시댁과
다시 합쳤다.

귀향한 지 십수 년
마흔 중반에
남편이
급사했다.

저녁밥을 먹고
가족들과 담소 중에
잠자리에
들 듯
갔다.

시부모를 보낼 때는
60대였고
70대에
사위 둘을 잃었다.

여든여덟 해 동안
아들딸
여섯을 낳았고
손자 열에
증손자 셋을
봤다.

병이 왔을 때

고령을 이유로
검사와 치료를
거부했고
몇 년 동안
겉보기에는 평소처럼
생활했다.

병이 깊어져
곡기를 끊은 뒤에
남은 이들에게
작별의 인사를
고했다.

1932년 생生
2020년 몰歿

사망 신고로
여자의 생은
88세로

종결되었다.

***

한 번 더

여자는
언제 죽었나.

아침을 거르다

둘째의 아침잠이
오늘따라 길다.

아들 밥 먹을래.
안 먹을래요.

나도 안 먹으련다,
더 자자.

너 먹던 대로

저 아이를 어쩌나,
특이체질인
이 에미를 닮아
육고기를 못 먹는,
어떤 향 앞에서는
고개를 절레절레
채식은 또 아닌,

이 아이를 어쩌나,
어머니 저는
뭐든 잘 먹어요,
가리는 게 없어요,
새 식구가 된
씩씩한
며느리를 앞에 두고,

긴말 다 자르고
여자는 당부했다.
"저 아이 입 짧다,

너 먹을 것 없다,
나는 에미라서 참았다,
애쓰지 마라,
너 먹던 대로 해라.”

청구를 받다

빤한 쥐꼬리마저
반으로 뚝 잘라갈
칼날을 들이밀고
요릿집 마담들은
안마당 저 멀찍이
알아서 물러나 섰다.

화려한 옷차림에
짙은 화장,
그러나
흉잡을 수 없는!

여자는 얼른
마담들을 불러들여
준비한 봉투들을
내밀었다.

"거친 사내들,
농지거리

허튼짓
다 받아주느라,
고생들 했지요,
내달에도 부탁해요."

경대鏡臺를 앞에 놓고

화장하고
외출복으로 갈아입고
당장이라도 뛰쳐나갈
태세를 하고서,

여자는
경대를 앞에 놓고
오래도록
앉아 있었다.

다방 레지를 태운 오토바이가
면面을 벗어나
인근 면 소재지를
지나쳤단다.

형님요, 울 양반 그 동네 갔다네요,
찾아서 딴소리는 말고
자네 댁 소문 듣고
떴다, 더라고만 하세요.

전화를 끊고서 여자는
화장을 지웠다가
다시 얼굴을 매만지고
립스틱을 발랐지만,

갑작스레 잊은 듯
꼼짝하지 않고
그대로
앉아 있었다.

아우님, 우리 집 아이 보내서
말 전했더니 태워 온 레지
그 자리에 달랑 내려놓고
자기 혼자만 내뺐다고 하네.

수화기를 내려놓고
또 여자는
일 없다는 듯

앉아 있었는데,

곧 숨찬 짐승이
몰고 온 돌풍에
집안의 기둥이 무너지고
마룻장이 쩍쩍 갈라졌지만,

눈길과 고개 외로 한 번 안 돌리고
어깨 바짝 세우고 입 꾹 다문
여자의 자세는
오로지 꼿꼿했다.

바람 자고 거친 숨 멀어지고도
됐다, 들어왔으니 이제
됐다, 혼잣말만
참은 숨에 섞어 내뱉으면서,

여자는
경대를 앞에 놓고

한참도 더
앉아 있었다.

틈을 주지 않고

얼마 전 결혼해서
이제 한 아이의
애비까지 된 아들이
주홍에 빠져
자주 집을 잊는다는
말이 들어왔다.

불러 듣지 않아도
핑계야
뻔한 바깥일이겠지만,
홑벌이래도 가당찮은데
하물며
맞벌이이고……

결혼 초에 먼저 나서서
호기롭게 분담했다는
가사 일을
안 하는 건 아니라지만,
집안일이 어디 또

가사 일만 있는 것도 아니고……

여자는 대뜸 전화를 걸어서
“너 뭐 하는 인간이냐!
너만 돈 버냐!”
짧게 일침을 날리고는
틈을 주지 않고
딱! 전화를 끊었다.

반사적으로

달라진 건 없었다.
식구가 하나
늘었을 뿐이었다.

여자는
며느리들과
저녁 준비를 끝냈고

아들들은
식탁을 마주 들고
옮기는 중이었다.

"며느리 다 봤는데
엄마는 아직도 왜
아들들 상床 들게 해?"

마루 문 열리자마자
따라 들어온
볼멘 물음에

〉

여자는 반사적으로
대꾸했다. "그건
네 집에서나 하고!"

박은옥

'박은옥'을
듣고 싶었다.

듣고 싶은 건
'박은옥'인데
검색을 하니
'박은옥'은 안 보이고
'정태춘 박은옥'은 넘쳐났다.

듀엣 표기는 왜 한결같이
'정태춘 박은옥'이고
'박은옥 정태춘'은 아닌지.

혹시나 하고 들으니
'정태춘 박은옥'의
듀엣곡 중에도
'박은옥'이
거의 솔로로 부르는
노래가 없지는 않았지만

'박은옥'은 대부분
'정태춘'에 묻혔다.

'정태춘 박은옥'이 아닌
'박은옥'을 찾으니
'정태춘'을 싫어하나 하겠지만
'정태춘'도 좋아한다.

민중가수로 불리면서
한때 부르기를 꺼렸다는
'시인의 마을'도
내가 시인이라서인지
자주 흥얼거리고,
'우리들의 죽음'을
만났을 때처럼
펑펑 울지는 않지만
'5.18'
'92년 장마, 종로에서'
'북한강에서'

'떠나가는 배'
등을 들을 때는
지금도 여전 울컥한다.

2000년대 초
울진군 주최의 행사에
초청 가수로 왔을 때
본 공연 끝나고
작은 지자체에서
공연비를 과분하게 받았다고
초·중학생만을 위한 추가 공연을
단독으로
늦게까지 하는 것을
직접 보기도 해서
민중가수나
활동가로서뿐만 아니라
인간적으로도 좋아한다.

'정태춘 박은옥'의

듀엣 활동이 오래되었어도
'정태춘'은 '정태춘'
'박은옥'은
'박은옥'이어서
'박은옥'을 듣고 싶어서
검색했다가
'정태춘 박은옥'의
듀엣곡들만 왕창 재생해서
그냥저냥 들으며 왔는데
하필이면 오늘 다시
'박은옥'을 듣고 싶었다.

'정태춘 박은옥'이나
'박은옥 정태춘'의
듀엣이 아닌
말 그대로 솔로의
'박은옥'

음원이 서비스되는

'박은옥'의 70, 80년대
솔로 앨범은 없고
옛날에 듣다가 늘어져
내버린 테이프를 생각하다가
문득 떠올라
듀엣 앨범들을 샅샅이 뒤졌더니
한 곡만 듀엣이고
나머지는 모두 솔로인
한 노래 모음집에
'박은옥'의 솔로곡이
무려 열다섯이다.

'박은옥'을 듣다가
'정태춘 박은옥'의
듀엣곡임에도
'박은옥'의
솔로처럼 들리는
'정태춘 박은옥'의
'봉숭아'까지

추가해서
듣고 또 듣다 보니
'박은옥'의
짧은 솔로 활동이 새삼 아쉽고
묻힌 노래가 또 궁금하고 그랬다.

잘 부탁하네

남자에게
딸의 손을 넘기면서
장인이 말했다.

"잘 부탁하네."

남자는
잠시 얼었다.

시간이 흘렀다.

대체로 강은
길을
벗어나지 않았다.

식이 시작되기 전부터
신부는
대기실을 벗어나
식장으로 꾸민

정원에서
하객을 맞았다.

당일 프로그램은
신부가 짰다.

남자는
그 프로그램에
신부와 함께
입장하지 않겠다는
생각을 얹었다.

동시 입장이든
각자 입장이든
이 또한
신부의 몫

신랑이 입장하고
신부가 혼자

입장할 때
친구들은
붉은 장미를
카펫에 깔았다.

이것은
신랑이 몰래
얻은 생각

남자는
축시의 형식으로
독립된 부부의
공동체를 선포했다.

그제서야 보이는

그가 있었다.

원 안의
원 안의
원 안의

중심에.

그가 갔다.

원 밖의
원 밖의
원 밖의

밖으로.

그제서야 보였다.

그 원을

감싸고 있는

가장자리
가장자리
가장자리……

아,
저 견고한
성벽.

증거불충분

철강공단을
벗어나 위치한
도구에서
공단을 마주한
송도동으로
우체국을 옮긴 지
얼마 되지 않아
내 안구는
첫사랑에게서
일방적으로
기습적으로 통고받은
이별의 기억과
맞닥뜨렸다.

대기오염 전광판은
언제나 맑았으나
고춧가루통을 뒤엎는
아침과
수시로 양파를

벗기는 날이
한동안 이어졌다.

안구건조증이었다.

증거로 전광판을
들이밀 수는 없었으나
심증은
바닥을 드러낸
저수지 앞의
긴 가뭄이었다.

어떤 가늠은
정황의 유무만으로도
증거가 충분하다.

생존기

부고가 왔다
또 왔다
너무 잦구나
젊은 망자여

살아서 살았다.
살았기에
살았다.

낮의 열기를
남겨 간직한 아스팔트는
누우니 따스했다.

뒤늦게 네가 달려왔고
이게 죽으려고 환장했나
거칠게 끌어냈다.

그래 죽으려고 환장했다
그래 그럼 죽어라

너는 한참을 날뛰었고……

그렇게
살아서 살았다.
발을 치고 살았다.

들키기도 하면서
들키지는 않으면서
발을 더 꼭꼭 여며 치면서.

아스팔트에서의 재취침 기회를
수십 년간 노리면서
꾹꾹 누르면서.

수십 년을 살다가
늙기도 전에
급사였지만 자연사로

네가 죽은 뒤에도

노인으로 불리면서
정말 늙어가면서.

그렇게 살아서
살았기에 살아 있다
살고 있다.

생존기 · 2

작가의 용기가 누군가에게
희망이 되기를 바라던 목소리는
지난밤 읽은 책의 추천사였다.

생존을 위한 추천사를 쓴 이*는
책을 사서 밀어놓고 있는 사이
고인이 되었다.

자살?
사회적 타살?
자연사가 아닌 것만은 분명하다.

오늘 아침 눈을 뜨는데
문득 떠오르는 한 생각이
뻔뻔함이었다.

겨울, 얼며 굳은 땅 밑에서
숨어 움츠리며
찬 기운을 버티는 힘이

〉

봄날, 녹으며 갈라지는 땅의
틈을 잽싸게 벌리며 흙을 쳐올려
시침떼고 틔는 힘이

어쩌면 모두
용기나 희망이 아니라
뻔뻔함 같은 것이 아닐까 하는.

이렇게 매일
멀쩡하게
눈 뜨는 생生이

때마다의 뻔뻔함에서 비롯되어
하루하루
이어진 것이 아닐까 하는.

* 변희수(前 대한민국 육군 하사).

노약자석

병원 갔다가 돌아오면서
'육거리'에서
환승을 했다.

앞서 세 명이 타고
마지막으로 탔는데
빈 좌석이 없다.

주춤주춤 뒤쪽으로
자리를 옮기는데
눈짓하는 중년의 승객
손짓을 따라가니
빈 좌석이다.

눈길 주지 않아
내 눈에는 평소 숨어 있던
내리는 문 바로 앞자리
노란 덮개를 쓴
노약자석

서 있는 사람은 나 혼자
빈 좌석도 유일하고
기껏 알려준
승객의 호의도 무시 못 해
앉기는 했는데,
집까지는 아홉 정거장
20여 분 더 가야 하는데,
가방의 책을
꺼낼 수가 없다.

오늘 오며 가며 읽던
찰스 부코스키의 번역시집
『망할 놈의 예술을 한답시고』

환갑의 나이는
알 수가 없을 테고
머리가 반 이상
희끗희끗하니 나는

노인인가
고민하는 사이
'북부시장'에서
내리는 이 없이
세 명이 탔다.

대충 살펴도 모두
쉰 안 돼 보이는 젊은이

병원 갔다 오는 길이기는 해도
겉으로는 티 안 나는
환자인 나는 그럼
약자인가
고민을 끝내기도 전에
'선린병원'에서
역시 내리는 이 없이
다섯 명이 탔다.

학생 하나

나머지는 젊은이

퇴직했다고 30여 년 만에
시내 캐주얼 옷 가게에 들러
사서 입은 옷차림은
그야말로 캐주얼인데……

우물쭈물하는 사이
정거장 이름이 여러 번 바뀐
'건강가정다문화센터'로 안내되는
'포항시드림스타트'는
내리는 이 타는 이 없어 통과.

'대동우방아파트'에서부터
타는 이보다 내리는 이가
한둘 많거나
내리기만 하는
'쌍용아파트'
'하나로아파트'

'전자여고'

용흥우방아파트 뒤편
'대흥초등학교'에서
타는 이 없이
우루루 내려서
빈 좌석이 훨씬 많아졌다.

대동우방아파트를 지나
아치로를 돌아
사격장 앞 교차로까지
한참 가는 동안에
나는 노인인가 약자인가
고민은 끝냈으나,

'용흥우방아파트'에서
내릴 때까지
타고 내리는 이들만
멍하게 쳐다보다가

끝내 시집은 못 꺼내고
그냥 내렸다.

| 제2부

이튿날 새벽

오늘은 좋은 날

60대에
40대에 저승 간 아비로
환생했다.

나이 드니 너는
천상 네 애비다.

몸이 다르고
마음이 달라도
한목소리로 그러는데
굳이 발톱 내보일 일 없다.

늘 못 건넜던
이 땅의 많은 강
새삼 다리를 세운들
이생에는 다 못 이으리.

아닌 카멜레온으로
치장하고

촉수를 숨기는

아, 오늘은 좋은 날입니다.

아나 DDONG!

초등학교 때
여름방학 숙제로
풍경화를 그렸다.

그림의 1/4을 차지하는
빈 하늘
한가운데에 그려진
해를 보던 선생님께서
한말씀하셨다.

"그림에
해 그리면
안 돼!"

중1 국어시간에
자작시를 낭독했다.

물에 빠진 구슬같이
파아란 하늘 밑에

〉

똥같이
누우런 땅 위에

……

읽는 중에 아이들이
와! 하고 웃었고
선생님께서
한말씀하셨다.

"비속한 말은
시에 쓰면
안 돼!"

생물선생님께서
들고 다니시던
막대기 끝자리에는
DDONG라고

선명하게
쓰여 있었다.

그 막대기로
대답을 못 하거나
조는 아이들의
책상 위에 올린
손등이나
머리 위에 올린
손바닥을
한 대씩 때렸는데
반드시 그 부분에
맞추어 때렸다.

그때마다
낮으나
단호하게 읊조리셨다.

똥!

(으르렁! 으르렁!) 꽃이 피고*

80년대의 어느 봄
호암산 중턱에서
진달래꽃나무 아래에
지친 몸을
뉜 적이 있었다.

아침이 늦었던가
(으르렁! 으르렁!)
꽃들은 괄호 안에서
여전 묵언 중이었고

수런수런
때리는 빛줄기에
반짝 눈을 뜨자
괄호를 벗은 꽃들이
입을 벌리며
으르렁! 으르렁!

절박하게 부산스럽게

으르렁! 으르렁!
수런수런!
마침내 한꺼번에
화들짝!

호암산이 쩍!
갈라지도록
통곡을 내질렀다.

* '케이크 속에서 사자 눈을 뜨는 촛불들/(으르렁! 으르렁!) 꽃이 피고'(함기석 시 「생일 체스 - Composition Ⅲ」『디자인하우스 센텐스』, 민음사, 2020)

이튿날 새벽*

태풍에
가로세로 2M
대형 창이 깨졌다.

깨진 유리조각들과
몰아친 바람이
창 아래
산세베리아 잎을
할퀴고 찢고
분을 넘어뜨렸다.

찢긴 잎은 잘라내고
어쩌나
버리나
고민하는 참인데
화분 한쪽에서
대가 하나
쑥!

〉

꽃대다!

막 바로
쑥쑥쑥!
키를 올리더니
향으로 온 집을……

웃겼다.

* '莫若以明 이튿날 새벽(명明)만 못하다''以明 이튿날 새벽(명明)에 따르다'(고형렬 『고형렬 에세이 장자2 齊物論-나비는 나비의 꿈을』 218, 313쪽, 에세이스트사, 2019)

돌이나 물이나 그런*

윤회 없는
소멸을 꿈꿨다.

불에 태워져
재로 뿌려져
먼지로도 다시
태어나지 않기를……

누군가 딱 잘랐다.
해탈만이
가능한 일

누구나 다
언덕을 넘고
너머에 이르지만
언덕도
너머도 다
다르다는 말씀?

돌이나 물이나 그런
태어남을 말한
시인이 있었지.

그럼 이제부터
돌로 태어나기를……

사람에서 돌로
돌에서 돌로
돌에서

누구의 눈도
담지 않고
누구의 손도
타지 않고
잊히기 전에
불리지도 않는
그런

돌,

돌,

돌,

돌,

돌로…

* '덧붙이자면 나도 다음에 태어나면, 물론 다시 태어나지 않았으면 좋겠지만, 이라는 단서에 붙여진 바람이 하나 있다. 다른 생명을 먹지 않고도 살 수 있는 그런 생명이었으면 좋겠다는 것! 그러니 돌이나 물이나 그런 건 아닐까?'(허수경 『허수경이 사랑한 시 - 사랑을 나는 너에게서 배웠는데』153쪽, 난다, 2020)

골든타임

가끔 짧게
발작이 왔다.

시간도 장소도
달리 없었다.

발작이 왔을 때
미처 못 알아채고
당황 머뭇 허둥대다가
떠난 친구가 있었다.

그날
길게 발작이 왔고
잠결인가 꿈결인가
나비를 보았고,

꿈속의 꿈
순간 날갯짓에
어리며 떠오르던 한 생각은

친구의 골든타임.

바삐 일어나
가슴을 부여잡고
목숨으로 줄달음쳤다.

결코 잊지 않았던
잠깐들과
기억들이 있었다.

'라떼에는' 하는 당신에게

기억은 추억이
추억은
그리움이 되어서

밉던 이가
세월에
다 잊혔다.

꼭꼭 지어놓은
그 여러
매듭들
보따리

여며 놓은 대로
두리라.

섣부르게는
안 풀리라.

돌고 돌며 온
저 막대는
그 막대다.

그 막대가
아니다.

1식 3찬

1980년대 중반
나들잇길에
일직 조탑동
선생의 집에서
하룻밤을 묵었다.

선생은
버너와 코펠에
불을 피우고
국 끓이고
밥을 안쳤다.

한 끼 밥에
반찬이 셋이라신다.
1식 3찬
오늘은 국까지
1식 4찬이네……

호롱불 남폿불도 안 켜고

밤을 보내다 잠들었고
이튿날은
의성 탑동으로
길을 잡았다.

저녁때가 다 되어
당도했는지
머무르다 맞았는지
그 저녁의 밥상이
어떠했는지

그 밤의 얘기가
무엇이었는지
이튿날 아침을
먹었는지
안 먹었는지……

많은 것을 잊었어도
밥상머리에서는 이제껏

선생의 1식 3찬을
때로 생각하고
찬 수를 헤아렸다.

궁상스러운 시절에는
위안하였고
점점 부유해져서 따라
풍성해지는 밥상 앞에서는
절제하였다.

꿈을 연장하다

꿈이어서
묻지 마 여행 중
무작정 걷는
바닷가 모랫길에서
우연히 들어선 곳은
다 눈에 익었다.

꿈이어서
돌아와 전화로
생전에
면허를 딴 적도
운전한 적도
없는 너에게
운전을 부탁했다.

꿈이어서
일행들과 함께
숙소를 나오니
숙소 마당 앞이

느닷없는 절벽이다.

너는 오지 않고……
꿈이 아니었어도
일행들은
길을 찾아
아래로 내려갔다.

들킨 꿈이었어도
꿈 아니면 못 보는
너는 그리움이어서
그냥 깨면
더 가팔라질 절벽을
꿈에서도 알아서
또 절절해져서

밀려온 잠은
이미 뜬눈이었으나
잠의 문고리를 움키고

아침을 밀어내며
자꾸 꿈을 연장하였다.

싹 난 감자

감자에 싹이 났다.

제철 먹거리가 넘쳐
손 못 준 사이에
볼이 벌어졌다.

하나하나 들어내며
아래 칸으로 내려서니
주루룩
흐르는 집

싹 난 감자는
어떻게 하나요.

흐르는 집은
또 어떻게 하나요.

이곳은
도시의 대단지 아파트

흐르는 집을 들어내고
싹 난 볼을 도려내는 동안
이미 쳐들어와
점령지를 빠르게
넓혀가는
냄새들

도시 텃밭이니……
유기농 농사니……
거대한 미래를 향한
입(口)원론은
당장은 손끝 무딘
당의정

나는
부랴부랴
도려낸 볼들과
흐르는 집들을
한 봉투에 담아

쓰레기 수거함으로
직행했다.

사랑초*

넘어졌지요.
늦되어서였을까요.
자주 넘어졌지요.
애꿎은 발목
비틀며 꺾으며
넘어졌지요.

떨어졌지요.
산에서 다리에서 나무에서
떨어졌지요. 관성이
붙으면 무심해진다는데
고소공포증이 생겼지요.
창틀에서도 옥상 난간에서도
공중에 뜬 철계단에서도
오들오들 떨었지요.
내려오는 길은 늘
올라가는 그 높이만큼
더 오금이 저렸지요.

하지만 안 잊었지요.

넘어지고 떨어질 때마다
어김없이 안아주고 일으켜
세워주던 손길들 마음들
홀로 일어선 적도
물론 있었지만,
돌아보면 늘 내밀고 있는
거두어들인 적 없는
사랑들.

여기 핀 한 송이
저기 핀 또 한 송이
내 이름으로 핀
꽃들 모두
그냥 홀로 핀
꽃 아니지요.
하니 안 잊었지요,
안 잊을 거예요.

* '당당히 자빠져 있고 걸어가다 보면 어느새/사랑초가 핀다.'(우중화 시 「꽃에게로 눕다」『반과 반 사이의 여자』 리토피아, 2021)

바람 불 때 홀로 길*

올까요?
오지 않겠죠?
귀퉁이에 숨긴 마음
내보이는 거야
세월의 힘이겠지만,
마음이거나 몸이거나
미움이거나 정이거나
다 물과 같아서
이미 저 갈 데로
가도 저만큼 저, 저만큼
한참도 더 한참을
갔을 터인데,

올까요?
오지 않겠죠?
바람 불 때 홀로 길
나설 일 아니라는데,
할 일 없는 중늙은이
홀로 길 나섰다가

또 괜한 지나간
마음앓이 몸앓이
되새기며 섰는데,

올까요?
오지 않겠죠?
오든 안 오든 이제 더는
상관할 바 아니겠지만,
새기는 마음으로야
왔으면 싶지요,
봤으면 싶지요,
그리운 마음들
안절부절 타는 몸들.

* '바람 불 때 홀로 길을 나설 일이 아니다.'(김영진 시 「산딸나무 아래서」 『항아리 속의 불씨』, 리토피아, 2021)

사랑

그때부터였다.

나는
잊었다.

혼밥 점심 밥상머리에서
고개 숙였을 때
불현듯 터지던 기도는

늘 하던
감사가 아닌,

사랑합니다!

응답이
있었던가?

있었거나 없었거나

기도가
고백으로
터진

그때부터였다.

나는
멈췄다.

애써 기구祈求하지 않고,
애써
살았다!

이슬의 의미

—민들레교회 북산 최완택 목사님을 추모하며

홀씨 하나
북산을 떠나
먼 고향
하늘 아래로 날아가
다시
씨를 내리고
싹을 틔우고
잎을 펼치고
노란 웃음을
당당하게 피웠다.

모르는 새
그 홀씨의
홀씨들도
아마
오랫동안
그 홀씨를 떠나
이 고향

저 고향으로 날아가
노란 웃음을 이어
이어 터뜨렸으리라.

이별의 자리에서
설핏
북산의
눈가에 맺힌
이슬에 대하여
북산의
평소
말씀의 속살을
도려내어
쉰내를 맡는
홀씨들도 있었지만
그 홀씨
이슬의 성분을
애써
뒤지지도

따지지도 않았다.

피고 지는
꽃들의
돌림노래를
부르는 동안
그 홀씨의 눈가에도
자주
이슬이 맺혔다.

나는
북산이
속살을 도려내어
먼 고향
하늘로 날려 보낸
노란 웃음이다.

제3부

위드 코로나

선언에게

선언이 있었다.
선언아,
얼굴을…

가면이라도
선언아,
얼굴을……

저녁,
넘어가던 햇살이
넘어가다 말고
슬몃
빗겨 들어

날카로워라,
낮잠에서 언뜻 깨니
가슴이 아리다.

선언이 있었구나,

얼굴을 드러내지 않은
선언이……

가슴에는 저마다
홀로 버틴
빛살들
칼금들.

파탄에게

북녘 먼 도시에서
검은 천불이
피어올랐다.

골짜기 체육공원 아래
연못에는
사철 아름다운 집

물이 흐려도
나무 헐벗어도
언제나 맑고 풍성한
물속의 집

겨울을 버티며
여러 갈래
팔을 벋던 물관은
봄꽃의 황홀에
마취되었다.

상상하지 않은
가을의 열매는
일렁임을 잊은
물속의 집에서
잠을 탐하고……

이번에도 상상은
봄에서 멈췄고
파탄이 났다.

하지만 파탄이여,
그대의 문
깨뜨리는 우레에
취한 잠의 봉오리가
찢어졌으니

이제 여름은
다시 활달하게
팔을 휘두르고

빼곡한 가을의 잇몸을
상상하리라.

나는 오늘 오랜만에
공원 아래
연못에 들러
초롱초롱 금은화를 단
인동길을 걸었다.

파탄 이후

왜 체육공원이냐
친구가 물었다.

체육은
'이미'의 일이고
공원은
'이제'의 일이다.

공원 아래 연못에는
꽃들이 피고 있었다.

한편에는 수련
한편에는 연꽃
또 한편 물속의 집 마당에는
한 무더기 수국

물이 일렁이자
마당의 수국이
사라졌다.

수련도 연꽃도
모두 아름다웠다.

사라진 마당의 수국도
회상하니
아름다웠다.

왜 체육공원이냐
묻던 친구는
파탄을 말하던 친구였다.

시작이라는 말을
다시 꺼낸다면
체육은 또
'이제'의 일이겠다.

공원은 그럼
'영원'으로 넘어가겠다.

편먹다

나는 그에게
방을
너무 많이 내줬다.

나중에 나중에,
하며
아랫목까지
차지하려 들었다.

그는
어떤 상황인지
먼저
밝히지 않은 채
어떻게
이런 상황에서
그런 입장을
내놓을 수 있냐고
익사의 포즈로
전문가를 들먹이며

고춧가루통을 흔들었다.

한 마디로
너는 누구 편이냐,
묻는 듯했다.

연못 한편에는
수련이 드문드문
또 한편에는
연꽃이 넓게
산 아래편
물속의 집에는
수국이 한 무더기
제가끔
제 자태로 피었거나
피고 있었다.

다투어 핀 흔적은
어디에도 없었다.

아름다웠다
수련은 수련대로
연꽃은 연꽃대로
일렁임에
사라진 수국은
회상하니
또 그대로.

수련 편
연꽃 편
아님 수국 편?

글쎄 나는
누구 편일까.

자세히 보려고
물 위로
고개를 디밀었더니

아, 물속에
일렁이는
얼굴이 하나
이도 아름답구나.

나중에 나중에,
가 아니고
글쎄 지금 나는
누구의
편이어야 할까.

연이어
뉴스에 쏟아지는
그의 입장이
게릴라성 소나기다.

연못의 꽃들은
여느 날처럼
제가끔

제 자태로
피고 있었다.

다이어트 전도사

남자는
화장실에서
앉은 채로
죽었다.

늦은 밤까지
하차 작업을 하고
퇴근해서
잠을 자다가
새벽 하차 작업까지
도와 달라는
긴급한
요청을 받고

비번이었음에도
다시 출근해
하차 작업을
막 끝낸
아침의 일이었다.

알음알음으로
산재 처리를 했다.

화장실에서 죽었다는
사실 외에
어떤 사실도
말하기 전이었는데
자칭
다이어트 전도사가
한마디 했다.

"비만이지?
살찐 건
죽어도 싸!"

비루S* · 1

긴 줄은
새벽부터 늘어섰으나
준비된 마스크가
줄을 자른 시간은
순식간이었고
안으로 들어온
숨찬 비명은
곧이어
아우성의
야단법석으로
다시 줄을 섰다.

읍면 지역
우체국에서
공공 마스크를
판매한다는
첫날부터
비명과
아우성의

야단법석은
한동안
건축과 철거를
반복하였다.

이십 대 초반의
젊은 신부와
갓 태어난
어린아이를 둔
선배를 태운
오토바이는
동네를 싸안은
국도를 내달려
트럭의 굉음 속으로
재빠르게 사라졌다.

그날의 행사가
면민한마음체육대회였을까
총동창회였을까

선배는 갑자기
술판을 벗어났는데
선배의 비명을
미리 들었던 이는
아무도 없었을까.

마흔 해쯤 전의
선배의 비명을
멈춘 시간의 산책길에
아우성이 지워진
정지 화면으로
새삼스레 듣는 건
많이 늦었다.

마흔이 넘어
겨우 면했으나
다 면하지는 않은
천연기념물을 태운
승용차는

풍만한 몸매를
뒤따라가면서
자주
피안을 꿈꾸었다.

저 육중한
숨은
어둠의 중심을
쏜살같이
밀고 들어가면
마지막 언덕이
벌떡 일어서리라
훌쩍 넘어가리라
윤회 없는 소멸을
목표로 잡는
날들이었다.

스무 해쯤
끈질기게 잇던

환상의 진저리를
끝낸 건
퇴직하고
이도 저도 다
원생原生으로
돌려보낸 뒤였다.

철거와 초토화로
밀리다 밀리다가
보루마저 잃은
숲의 향은
결국
뿌리를 들어
애초 품어본 적 없을
인류의 마을로
들어왔으리라.

숲에서는
잘 익은 화음처럼

아늑했던 향이
인류의 마을에서
비명과 아우성으로
변신한 건
온당하다.

비명과 아우성의
야단법석의
끝은
박멸과 퇴치의
폭력의 언어가 아닌
숲의 향이 돌아갈
공생의 집 짓기
원생의 복원이리라.

* (사전적인 의미로는) 바이러스 Virus, (시인의 풀이로는) 비루한 이야기(들), 말(들), 인수공통감염병시대 유전자스와핑 결과 신생언어 표기.

비루S · 2

막장이다.
집을 잃었다.
마을이 사라졌다.

숲의 향 하나가
뿌리를 들어 올리니
숲의 향 둘이
뿌리를 들어 올리고
숲의 향 셋도
뿌리를 들어 올린다.

숲의 향 하나가
어흥 팔을 벌리니
숲의 향 둘이
으르렁 발을 차고
숲의 향 셋은
쉿! 손가락을 세운다.

울부짖음은

여러 번이었으나
묵비는
처음이다.

31번 국도에서
34번 국도로 옮겨
7번 국도를 타는
평소의 길을 버리고
그는 왜
지름길이라고
31번 국도에서
88번 지방도를 탔을까

꼬부랑 산길을 올라
가파른 산길을 내려가다가
터진 앞바퀴는
몇십 미터를 더 내려가
본성을 잃은 뒤에야
발을 끌며

멈춰 섰는데

그는 그때
새내기 걸음마였고
절벽 위에 서 있었고
이후에도 새내기 걸음마였고
절벽 위에 서 있었고
끝내 새내기 걸음마로
최후를 맞았다.

…………,
74번 50대,
……,
76번 70대 74번 접촉,
……,
……,
79번 70대,
80번 30대,
……,

……,

……,

84번 70대 79번 접촉,

85번 60대 79, 80번 접촉,

……,

87번 70대 79, 84, 85, 86번,

……,

……,

……,

91번 70대 79, 84~88, 90번,

……,

……,

……,

95번 40대,

96번 70대 90번,

97번 40대 95번,

98번 80대 79, 88, 89, 94,

99번 30대 95, 97,

……,

101번 30대 99,
102번 80대 79, 84~88, 90~91,
103번 70
…………,
…………

숲의 향이
인류의 마을을
배회하고 있다.
새로운 주거지는
찾고 있을까.

묵비 중이어도
울부짖음은
잊지 않았다.
내면의
저 방황을
재울 수는 있을까.

숲의 향은
인류의 마을을
언제까지
ㅔ, ㅔ, ㅔ, ㅔ, ㅔ, ㅔ, ㅔ ....
배회하려나.

한파

해 치밀어 올라오는데
미처 못 돌아간
달이
하늘을
서성이고 있다.

모르지,
겨울 한파에 꽁꽁
언 몸
햇빛에
녹여 가려 기다리는지.

어떤 친구는
안 간 거라 하고
어떤 친구는
커피 한 잔
대접하라는데,

함께 못 해 미안한

문득 떠오르는
정초에도
한뎃잠 자는
얼굴들.

맹수*

다 합치니
무려 1Kg**이나 되는
숲의 향의
무게에
눌리기도 했지만

숲의 향이
마을로 들어와
짐승처럼 배회하자
노인들은 졸지에
맹수가 되어서

중로中老는
해가 넘도록
자진하여
격리와 해제의
사잇길만 맴돌았다.

산책을 마치고

아파트 후문으로 들어서는데
길 건너편 젊은이들 여럿
담배를 피우며
담소하고 있다.

마스크를 벗고 있다.
오랜만에 보는
흥겨운 풍경
웃는 얼굴들이
환하다.

마스크를 내리고
잠시 멍때리고 섰는데
후문 맞은 편
초등학교 아이들이
교문을 나오고 있다.

중로는 얼른
턱스크를 끌어올려

맹수의 얼굴을 가리고

옷깃을 바짝

세웠다.

*'방금 집에서 나오다 넘어질 뻔했다. 초등 4, 5학년쯤 네댓 명이 지나가는데 한 녀석이 친구들에게 말했다. "야, 조심해야 돼. 요즘 할머니 할아버지들 마스크도 안 쓰고 돌아다녀 막." 맞는 말이다. 노인을 조심해야 한다. 나는 경계에 있는 처지라 교훈으로만 들었다. 그런데 등 뒤에서 비수가 날아든다. "한 마리 맹수처럼……"'-동갑내기 홍순창 시인의 2020년 10월 17일 페북 글 일부

** 코로나19바이러스 1개의 무게는 1fg(펨토그램), 1,000조분의 1mg으로, 감염자 한 사람이 최대한 보유한 바이러스를 합치고, 그 감염자가 1억 명이라고 하면 총무게가 최대 1Kg쯤 된다고 한다.-인터넷에 떠도는 글 발췌 정리.

탈출

미세먼지 내리는
도시에서 맞는
아침이다.

떠오르자 이미 지는
일출의 풍경은
아득하고
아뜩하다.

현재로 다가온
저 미래는
잠의 경계선에서
잠시 추던
사나운
꿈자리가 아니다.

어린 시절 즐겨 봤던
공상 만화 속
지하세계가

정답이 아니기를……

나는
집 밖에서
안으로
얼른
몸을 돌렸다.

몰골

바람이 불었으나 태양은
해종일 차양막을
벗지 않았다.

산책길의 나는
입과 코를 마스크로
더 꼭꼭 여몄다.

태양이나 사람이나
몰골이 다
히마리가 빠졌다.

문

드디어
찾았다!
환호했으나

겨우
열린
문 안은
번번이
밖

밖에서
열어
밖으로
나가는
문

입구
없는
출구.

손들

제때 손 안 내밀어
뒤집혀 가라앉는 배 앞에서
나는 묶인 손.

나는 촛불을 드는 손,
내미는 당신들의 손을
잡는 손, 포개는 손, 내맡기는 손.

하지만 당신들은 연속으로
나중에, 나중에, 나중에……
밀어내는 손, 휘젓는 손,
꺾는 손, 뒤집는 손,
올리기는커녕 도리어
배들을 더 내리누르는 손.

나는 촛불을 들었던 손,
이제는 거두는 손,
뒤집힌 판을 다시 뒤집는 손.

위드 코로나

마스크를 쓰고부터
가끔 놓치던 말귀가
자주 어두워졌다.

번역이 안 되는 발음은
맥락 없이 터지는
비명이다.

길을 잃은 시는
오다가
말다가 하고,

휘발성이 높아진 숨은
들기도
말기도 한다.

위드 코로나!

각자도생하는

저 숨겨진 입술에서
무엇을 함께 읽을까.

돈은 안 풀어도
사람을 풀면
자본이 풀리리라?

읽히는 건
난삽하여 더 엉키는
난해의 언어들.

선언이
미처 다 닿기도 전에
풀이 죽는 요란들.

이팝꽃 진다

뭉뚱그리는 세월이
외사랑과 짝사랑과 스토커를
한꺼번에 다 삼킨다.

편향된 확증이라고 해야 하나.
흰색도 하나의 색
절대순수의 색깔이 다 빠졌다.

무거워 소리를 멈춘 방울들
몇 날이라도 더 가보는 마음은
먼눈으로 보는 얼굴빛이다.

묘지의 입구에서 던지는
오랜 낚시질은 공염불이어도
혹시나 매달리는 욕구들.

이팝꽃 진다. 이팝꽃은 지고,
이밥꿈은 더 이미 졌으니……
새 가로수는 대단히 복고復古다.

이만치 저만치

이만치에서 오늘 우리 다시
이렇게 마주 섰으니

저만치로 이제 우리 다시
밀려나지 말자.

우리가 저만치로 밀려난 건
인본과 자본을 앞세운 탓

앞세운 인본과 자본에 휘둘려
숲의 향의 숲을 빼앗은 탓

숲을 뺏긴 숲의 향이
인류의 마을로 들어온 탓

배회하는 숲의 향을
공생자共生者로 받을 수 없는 탓

이만치에서 오늘 우리 다시

이렇게 마주 앉았으니

저만치로 이제 우리 다시
떨려나지 말자.

우리가 건너온 시간은
인류만의 시간

인류의 후퇴나
퇴장을 재촉하는 시간

몸살이야 앓을지라도
지구는 파멸하지 않으리니

인류의 번아웃도
오로지 인류만의 번아웃

이만치에서 오늘 우리 다시
이렇게 함께 모였으니

저만치로 이제 우리 영영
버려지지 말자.

착각하지 말자.
공멸이 아니다.

후퇴도 퇴장도
오로지 인류만의 몫

자연과의 공생共生은 있어도
인류만의 도생圖生은 없다.

물론 인본만의 도생이나
자본만의 도생도 가당찮은 일

드디어 우리 다시
이렇게 만났으니

이제는 아우르더불어
공생을 상상하자.

자본의 화장발을 지우고
인본의 얼굴을 뒤로 돌리고

저만치도 이만치도 한꺼번에 품는
공생의 방법을 찾자.

배제 핍박 소외 삭제했던
자연을 원위치 세우는

찾은 공생 안에서 이제
생얼의 반가운 인사를 하자!

| 제4부 |

기면嗜眠

기면嗜眠, 진료의자에 들다

이빨 치료하는데
시간이 길어졌다.
한 시간이 넘어가자
슬슬 겁이 났다.

아 하시고요
아 크게……
의사와 간호사가
번갈아 주문하는데,

잠들면 안 돼
입 다물면 안 돼
입을 더,
더… 더……

어머 이 선생님
잠드셨나 봐, 소리에
깜짝 놀라 눈을 뜨고
예!? 하는데,

끝났습니다
입 헹구시고요
잘 참았습니다
수고했습니다.

입 헹구고
일어서면서 물었다.
제가 잠들었나요?
모르겠어요.

그런데 왜?
이어지는 물음에
간호사가 재빠르게 대답했다.
코 고셨어요!

기면嗜眠, 식곤증食困症에 들다

문제는
식곤증이 아니다.

너는
잠의 그물에 걸렸다.

벗어나려
애쓰지 마라.

묶든 풀든
잠의 몫이다.

어차피
포박당할 시간이었다.

만사 제치고
온몸을 내던져라.

반짝 기절의 시간 뒤

고개 들어 보라.

풍경이 앞으로
바싹 다가오리니.

기면嗜眠, 자가운전에 들다

출근 시간
삼, 사십여 분이
퇴근 시간에는 번번이
서너 시간으로

늘었다.

깜빡깜빡
뛰어도 뛰어도
길이

안 줄었다.

기면嗜眠, 종점에 들다

한때는
이사를 할 때마다
타는 곳에서
아무 버스나 잡아타고
종점까지 가서
방을 구했다.

그렇게 구한 방 주소가
잠에 빠져도
내릴 곳을 놓칠 일도
놓쳐 내려 길 잃을 일도 없는
양천구 신월4동이거나
은평구 증산동이었다.

잠에 빠졌다가
문득 내린
어느 날의 낯선 길보다
잠에 맡기는
매일의 머나먼 길이
차라리 윗길이었다.

기면嗜眠, 잠구렁에 들다

그날부터였겠다.

미끄럼틀 중간쯤에서
잠으로 바꿔 타고 내려와
계속 잠에 흠뻑 빠져있다가
밥 먹자, 엄마의 부름에
잠을 깼던 유아기의
내 첫 기면의 기억의

그날부터였겠다.

그것이 버스이든 트럭이든
오토바이이든 놀이기구이든
택시이든 자가용이든
앞좌석이든 뒷좌석이든
옆좌석이든 짐칸이든
앉아서든 서서든
남의 차든 우리 차든
심지어는 자가운전일 때도

그날부터였겠다.

탈 것이라고 생긴 것들
타기만 하면
눈동자에 힘 풀면서
스르륵 잠구렁으로
기이들었던 것은.

기면嗜眠, 몽유夢遊에 들다

잠은 늘
난데없이 주저앉았다.

긴말이었어도 말은
다 잠꼬대였다.

밤샘 노숙을 면한 것이
그나마 다행이었을까.

깨어 보니
유치장이었다.

깨어 보니
정신병원이었다.

깨어 보니
응급실이었다.

기면嗜眠, 낮잠에 들다

퇴직 후에 찾은 한 행복이
마음 놓고
낮잠을 드는 것이다.

일과 시작하고 네댓 시간
어김없이 들이닥치는
졸음이다.

직장생활 중에는
그 첫 시간이 얼추
점심 무렵이었다.

동네 우체국 차석이나
우체국장 20여 년 이상
점심은 거의 혼자 먹었다.

근무 중 혼자 있는
이 유일한 시간을
나는 사랑했다.

〉

가끔 일행이 생겼는데
내 시간이 사라져
때로 불편했다.

최근에 어떤 책*을 읽다가
그 진짜 이유를
다시금 깨달았다.

식사 후의 시간이
자주
졸음을 잠재우는 시간이었음을.

낮잠이
휴식의 차원을 넘어
존재 회복의 의례儀禮였음을.

* '나의 시시콜콜한 일상이자 내게 꼭 맞는 코트 중 하나는 낮잠이다. 내가 정규 직장을 포기했을 때 얻은 가장 확실한 장점은 낮잠을 자고 싶을 때 잘 수 있다는 점이었다.'(박혜윤 『숲속의 자본주의자』 179~180쪽, 다산북스, 2021)

기면嗜眠, 연민에 들다

5분이면 닿을 길
자져 깨져 하며 또
한나절이 다 간다.

지나쳐 더 안타까운
자져 깨져 하며 살아온 생은
끝내 몰라야 약이었을까.

껴안고 꾸벅꾸벅
자져 깨져 하며 1갑자를
돌아서 와 겨우 알아채고는

느꺼워 새삼스레
자져 깨져 하며 맞는
연민의 시간들.

기면嗜眠, 잠실에 들다

내 찾아든 시간이
훤한 대낮이어도

서른을 지나도 마흔을 넘어도
환갑을 바라봐도

잠실에 든
누에고치 재우듯

잠자리부터 살피시던 것은,

배보다 잠이
더 고파 보였다는 것

하루에도 꼬박꼬박
서너 끼의 잠

끼니 챙기듯 해야 하는
삶도 있다는 것

아셨던 게지, 엄마는.

기면嗜眠, 곳집에 들다

곳집에 든 적이 있다.

내를 끼고
이 골 저 골 골짝들을
홀로 헤매다가
종종.

심장을 찌는 태양
신호 없이 막 달리는
소낙잠.

피할 수만 있다면
재울 수만 있다면
무섬 따위 주울 겨를도 없이.

허겁지겁 기절에 빠졌다가
눈을 뜨면 드디어 느껴지는
어둑어둑하여 으스스한 기운.

살갗을 털기도 했지만……

멀고도 가까운
큰골 입구
까치마 동구의
마지못해 발 들이던
한 시절의 안가安家.

그 곳집들에 들어
단숨을 식힌 적이 있다.
되려 살아서 나온 적이 있다.

기면嗜眠, 시험에 들다

후회하지 않아.

대입 모의고사 영어시간
50문항에 35번인가
문제를 풀다 말고
깜빡했다가 고개를 드니
5분 전이었지, 아마!

후회하지 않아,
후회를 한 적이
있었는지 없었는지
기억은 없지만.

예비고사 선택과목 시간
마지막 과목을 풀다가
또 깜빡했지,
잠이 안 와 우연히 읽게 된
신경림의 『농무』에 충격을 받아
잠을 좀 설치기는 했지만, 설마!

〉

후회하지 않아,
후회의 기억이 없기도 하지만
추억이어서도 아닌 건,
이제 와 새삼 뭘!

기면嗜眠, 봄잠에 들다

없는 날들 속에
드문드문 있었다.

잊힌 유수流水 아래
흐르지 않은 채 있었다.

꼼지락대며 세는
벽면의 바둑돌이다가

어느 날 총탄으로 날아와
가슴을 관통했다.

쪽잠으로야
가난과 고아였지만

계절을 다 잊은
봄잠이었던 게지.

시간마저 재우고도
미처 잠이라 안 불린 잠.

재현된 우연*

양팔 허리 위로
바짝 올리고
뒷발 치켜세운
중년과,
앞선 오르내리막에서
막 모습을 드러내는
젊은 자전거와,
자세를 낮추며 가는
젊음들은,

봤으려나.

급하게 돌아 나오는
좁은 골목길
한쪽 산비탈을 다 덮는
봄꽃들.

골목 끝 유유히
길을 가로질러 가는

길고양이.

목줄에 매달린,
뛰듯 걷는
반려견伴侶犬과,
묵묵한 반려인伴侶人.

필시 버려졌을,
텃밭이 된 공터와,
넝쿨들의 손이 된
울타리와,
노거수 아래
의자 하나.

눈길 받든 말든
어디에서나
팔 한껏 뻗치며
푸른 춤추는
나무들,

제철을 만난 잎들.

육십을 넘겼어도
역시나 가슴을 뛰게 하는
여린,
점점 짙어지는,
연녹의 신록.

그리고 이 모두의
사열査閱을 받으며
길게 늘어선
하나의 길
둘의 길
셋의……
이어진,
인적이 끊어지면
알 수가 없을.

노거수 아래

의자를 막 벗어나는
사색思索의 노년과,
산책로 여기저기
장의자에서
다리 쉼을 하는
노년들은,

봤으려나.

눈익었음에도
낯선,
수도 없이 걷고
또 올랐어도
무심히 지나쳤을,
새삼 먹먹하게 다가오는,
일상의 풍경들.

문득 소환되어 재현된
우연한

필연.

* 김주영 사진전 「재현된 우연」, 갤러리포항, 2022.4.30.(토) ~5.12.(목).

화양연화花樣年華*

기억은
어느 풍경에 숨어
화양연화를 이루나.

추억으로 넘는 길목에
기억들이
잎으로 꽃으로
나무로 빗살로 섰다.

먼 하늘에 노을 지는데
기억은
첫눈 내린 뒤에도
여태 남은
봉숭아 손톱이다.

갇힌 호수의
갇힌
일렁이잖는
그림자다.

난분분 날리다가
미처 못 주저앉고
어느 풍경엔가 숨었다가
막 떠오르는
내 기억도

화양연회냐,
화양연화여!
화양연화다.

* 서정애,한혜정,김주영 사진전 「화양연화」, 포항중앙아트홀, 2022.6.8.(수)~6.16.(목).

오늘의 비*

도시의 빌딩들을
가로지르는 전선들을
세로로 지르며 달려와
유리창에 붙어 손잡는
물벌레 떼,

미끄러지면서도
손 안 풀고
한사코 내지르는
미완성의 상형문자들은
웬 아우성?

자지러진다!
비비 트는 몸
더 긴 가뭄 뒤
내일의 비야
기어코 자지러진다!

*서정애, 한혜정, 김주영 사진전 「화양연화」, 포항중앙아트홀, 2022.6.8.(수) ~ 6.16.(목)

Sea-topia 구만리*

홀로 나선
나들잇길의 노인들과
꼭 짝을 이룬 듯
굽어지는
외길들과

일몰의 담벼락의 고래와
보리밭 정원의 풀빌라와
덩그러니 떠 있는
문학관 가는 길 표지판과
이국 연상의 창고들과

홀로 바다를 향하여 서서
용왕제를 올리는 여인과
바위 아래 제상祭床 앞에서
역시 홀로
비나리하는 여인과

이웃마을 품까지 사들여

어망을 손질하는
나잇살 가늠이 모호한
가림막 행색의
사내들과……

돌아보는 해안마을은
소멸 운운하며 내놓는
입빠른 정치가들의
노인을 배제한 지방 회생
문서에서처럼 늙수구레해도

사내들이 휘두르는 도리깨의
필시 동빠를 잘랐을
도리깻열이 추어올리는
춤사위는 여전
하늘을 가르고

애적 끓겨서
머구리는 없어도

해녀들은 오늘도
떼로 바다를
들기도 나기도 한다.

돌미역철이었던가
해안길 방파제 선착장
들고나는 해녀들의 길은
온통 돌미역 무덕이
무덕이다.

물질을 끝낸 해녀들인가
해산물을 손질하는
길게 늘앉은 여인들과
드디어 퇴장하는
보퉁이 인 여인과

짬을 내었던가
나란한 포즈의
마스크의 여인들과

둘레둘레 박카스를 마시는
역시 짬 내었을 사내들이

배경으로 잡은 풍경은
그저 휑뎅그레해도
당겨 앉아서 보라
무표정과 마스크로 숨겼어도
전해오는 어떤 유쾌함!

소멸이라니??!!!???!!!!
나앉았지만 옹기종기
테트라포드tetrapod의 새들도
두세 서넛의 주민 패牌에 껴들어
오늘은 힘을 보탠다.

* 김수정 Sea-topia전 「story in 구만리」, 갤러리 포항, 2022. 12. 15.(목).~12. 30.(금).

| 제5부 |

광주

꺄꺄

하늘 되어 내려 봄 하늘로써 족하다가
구름 되어 흘러 봄 구름으로 족하다가
비가 되어 쏟아 봄 소나기로 족하다가

시방은 다시 눈 딱 감고 한 바퀴 휘이
하늘이 되어 본다.
구름이 되어 본다.
소나기 되어 본다.

하늘이 되어 그리 내려 봄
넌 왜 푸르니.
너만 어찌 맑으니.

구름이 되어 홀로 흘러 봄
우린 도인도 신선도 아냐.
우린 다만 슬픈 인간의 형상들.

소나기 되어 그리 땅을 쏟아 봄
그래 네 말은 언제나 달다.

그러나 잠시 잠깐
곧 갈증을 느끼는 건 우리.

꺅꺅
그럼 물이 되어 하늘로 솟구칠까
물에 던져도 물에 던져도
다시금 떠오르는 우리 설움은.

꺅꺅
천 년을 하루 두고 사람이 되지 못한
눈물이 없는 울음뿐인 울음 우는.

꺅꺅
아, 우리, 우리, 우리, 우리……
꺅꺅
(1980. 05.)

착각

제 아무리 맑아도
푸른 하늘을 담지 않고서는
호수는 푸르게 맑을 수가
없다.

제 아무리 고요하여도
어린애의 가여운 돌팔매에도
호수는 쓰러져 무너져
출렁이는 것을

작은 것은 큰 다른 것에 담겨
푸르게도 맑게도 고요하게도
내
비치는 것을

사람들은 때때로
착각을 한다.

호수를 내비쳐 흐르고

하늘을 자적하는 연한 구름은
큰 산과 붉은 하늘에
어우러지지 아니하고서는
그리 아름답지 아니하는 것을

한 폭의 산수화를 보면서
구름은 구름에 연하여
구름으로
홀로 아름답다고

사람들은 때때로
눈을 껌벅이는
착각을 하고는 한다.
(1980. 06.)

1980년 8월 1

바다에 서면
피 먹은 바람기 스친
언덕배기 넘어
피멍 든 가슴팍의 멍든 울음
들리어 온다.

종일을 파도는
바위를 짓이기고 모래를 먹고
갈갈이 찢기워져 문드러진 가슴팍
피멍 삼키고

종일을 파도는
바위 허리를 풀고 모래를 뱉어내고
갈갈이 찢기워져 문드러진 가슴팍
토하여 낸다.

어느 머언 곳에선
피 먹은 웃음기 먹은 바람기
스쳐 쓸어 담아 훑어 던져버린

피멍 든 울음팍 멍든 눈물

흩어져 이리저리
언덕배기 하나 넘고 또 하나 넘어
오늘은 어느 낯선 바닷가
하나씩 하나씩 밀려와 머문다.

이제는 굳어
더 이상 아픔에 소리 지르지 않는
피멍 든 가슴팍
가슴팍의 피멍들
살과 살들의 흐늘어진 찌끼들

바다에 서면
피 먹은 웃음기 흘린 바람기 스친
언덕배기 넘어
피멍 든 가슴팍 멍든 흐느낌
하나씩 하나씩 실리어 온다.
(1980. 08.)

빈혈을 일으킨 말의 하소연

어지러운 시대라 한다. 너도 나도 어지러운 시대라 한다.

어지러운 시대에 어지러운 시대라 말하는 것은 어지러운 시대를 어지러운 시대로 말하는 거지만

어지러운 시대라 한다.

피 먹은 웃음기 먹은 바람기 지닌 그래 골목골목에 칼 휘둘러 피를 빨고 썩어 문드러진 살과 살들의 찌끼를 밟고 흐드러진 골목 흐드러지게 지나 입가에 붉은 웃음기 슬금 찢어진 눈웃음치고

입 쓱 닦고 돌아서며 어지러운 시대라 한다. 목청을 더 높여 어지러운 시대라 한다.

어지러운 시대라 한다.

피멍 든 가슴팍 멍든 울음짝 부여잡고 이제는 더 이상 울 힘도 잃어 흐드러진 골목길 돌아돌아 나오다 손잡이 없

는 담벼락 잡았다가 손 풀려 모르게 쥐어진 피 묻은 칼 움켜잡고 비틀어진 가슴팍 누런 볼따구니 푸른 입가에 다닥다닥 말라가는 피멍을 안고

흩어 스르르 쓰러져 넘어가며 희멀건 두 눈 채 감지도 못하고 어지러운 시대라 한다. 잦아 잦아들며 어지러운 시대라 한다.

어지러운 시대라 한다. 너도 나도 어지러운 시대라 한다.

처음엔 너 나 없이 외치던 말이

짓밟혀 찢어진 가슴팍 어지러운 시대라 말한 말은 이제는 땅 밑 깊숙이 산골짝아골짝 하늘 저편 구석 흩어져 스러지고

처음엔 너 나 없이 외치던 말이

칼 휘둘러 골목골목 피 먹은 아니 먹은 웃음기 어지러운

시대라 말한 말은 붉은 입술 붉은 볼따구니 붉은 눈가에서 어지러운 시대에 어지러운 시대로 펴쳐지고

어지러운 시대라 한다. 이제는 어지러운 시대라 한다.

어지러운 시대에 어지러운 시대라 말하는 것은 어지러운 시대를 어지러운 시대로 말하는 거지만

대체 이 어지러운 시대에 어지러운 시대란 말을 잃은 어지러운 시대의 말은 혼미해져 오락가락하는 정신에 빈혈을 일으켜 감기는 두 눈 희멀겋게 뜨고 어지러운 시대에 어지러운 시대의 말을 찾아 이 밤도 허허로이 밤길을 목메어 헤매인다.

(1980. 08.)

앉으면 살고 서면 죽고

일어서라
오직 일어서라
앉음은 삶이 아니고
섬은 죽음일 수 없고
삶은 일어서 날음일 뿐

사뭇 정겨운 목소리
간지러이 치어 뜬 눈웃음
앉으면 살고 서면 죽고
앉으면 살고 서면 죽고*
헐떡이는 가슴팍 등허리에 감추어
숨죽인 발걸음에
뒷덜미 움켜잡는 피 얼룩진 손들
칼빛 묻힌 손가락

모가지 뒤틀리고
날갯죽지 찢기어
흙범벅 피범벅 된
가여운 죽음들의

땅속 깊숙이 아골골짝에서
죄 없어 죄인이 된
가난한 아벨들의 한 맺힌
피울음

일어서라
그러나 네 삶 자리는
오직 빈 하늘
비어 있으나 비어 있지 않은
앉음은 삶이 아니고
섬은 죽음일 수 없고
삶은 일어서 날음일 뿐
피비린내 죽음 앞선 자리는 털고
날개를 파닥여
하늘을 쳐라.

일어서라
피 흘린 아벨들의 가슴팍 먹은
입 벌려 피 받은**

땅의 노래 피의 노래
진리의 노래
일어서라
오직 일어서라
멍든 피 가슴 피멍 보듬고
스러져 흙 범벅된 넋들의 우짖음
땅을 흘러 울고
무덤 깨치는
그 흔들리는 우짖음이 들리잖느냐.

* 잠자리 잡을 때 부르는 전래 동요.
** '땅이 입을 벌려 네 아우의 피를 네 손에서 받았다'(공동번역 성서 구약 창세기 4장 11절).

(1980. 09.)

이 저녁

이 저녁 어디에선가
피 묻은 몽둥이질 소리 들린다
그래도 아침나절엔
속알 빈 가슴이지만
감실감실 웃음기 흐르더니
이 저녁 어디에선가
진한 핏빛 눈물기 어린다
지나간 지나간 더 지나간
수십 수백 아님 수천 년
아랫도리 볼기짝 가슴패기 무너지며
소름끼쳐하던 힘없고 가난하여
한 많은 우리의
할아버지여 할머니여 아버지여 어머니여
형님이여 누님이여 그리고 나의
지금도 서러운 풀님들이여
이 저녁 텅 빈 하늘가 돌아 빙글
골목 어귀 웃음기 흘리며
스치는 피 묻은 몽둥이의 번쩍임에
나의 가슴에도 소름 돋는다

무엇이든가 우리의 가슴
감실감실 허허로이 흘리던 웃음기에
손안에 묻어나던 동전은
세 잎 아님 네 잎?
죄 없으면서도 죄가 많아
지금껏 물려받은 몽둥이질에
뼈 스러진 아랫도리 볼기짝 가슴패기
마디마디 하나씩 쏟아붓고 나면
남는 건 소갈머리 없이 빈
그래 한 많은 가슴 하나뿐
이 저녁 어디에선가
피 묻은 몽둥이질 소리 들리고
그 누구인가 죄 없어 죄 많은 자
진흙탕에 가슴을 피범벅하고
나의 가슴에도 소름 돋는다.

(1981. 01.)

겨울이야기

바람은 거세고 파도는 거칠고
빗발마저 드세다 나의 사람아
지난봄엔 정말 오려나 했었다
소식 없이 급작스런 방문이지만
때 묻고 더러운 누더기일망정
찌그러진 깡통은 두들길망정
작년에 왔던 각설이마냥
이제사 부끄럼없이 오누나 했다
그러나 파도 둥실 떠오는 건
먼 바닷가에서 산산조각 부서진
부러진 돛대에 갈기갈기 찢겨진 죽음
피 묻은 눈물기 촉촉히 어린
피 끓는 애 많은 목청이었다
이 겨울 지나면 정녕 봄이지
남쪽에서 두둥실 따순 바람 불어올 제
동해 서해 남해바다로
조금은 허기져 부은 얼굴이지만
입가에 환한 웃음기 안고
푸른 붉은 노란 깃발 마구 흔들며

함께 오려나 나의 사람아
지금은 겨울 나의 사람아
춥고 목마르고 허기진다.
(1981. 01.)

바보야

바보야 바보 같은 바보야
하늘이 웃고 땅이 웃는다며
짓눌리고 짓밟히고 짓이겨져도
하늘 따라 땅 따라 웃고 마는 바보야
너 바로 하늘과 땅의 사람아
그도 저도 모두가 무서웁다지만
앞길 옆길 바른길 틀린 길 그 모두가
가슴을 우루루 떨게 한다지만
씩 웃음 한 번 웃고
무서워 떨면서도 바보가 아니라고
바보를 바보라고 놀려대는 바보들을
관여치 아니하고 오늘도
쉼 없이 길을 가는 바보야
참는 거다 잊은 게 아니다
참는 거다 잊은 게 아니다
하늘이 성내고 땅이 성내면
그때는 우루루 번개 치며 설 거다
하늘과 땅의 사람 바보는
섰을 거다 가슴 터뜨리며 골목 골목서

그러나 참는 거다 아직은 참는 거다
하늘이 웃고 땅이 웃기에
오늘도 쉼 없이 길을 가며 따라 웃는
바보야 너 바로 이 반도의
주인아 진짜 사람아.

(1981. 01.)

그대는 희망

이 우중충하고 찌부둥한 날에
쉴 새 없이 후줄근히 비는 내리지만
목마른 가슴은 채워지지 않는다
지난봄에 내리쏟아 갈증을 채워주던
비는 그만 단비 아닌 피비로 변해버려
그 후 내 가슴에 내리는 비는
갈증을 하나도 채워주지 못해
아직껏 피비에 피울음 피눈물
어찌 되었나 피비가 내릴 때
어찌 되었나 피 묻은 손으로 흩뿌리던 씨
어찌 되었나 봄은 왔는데
살았는가 죽었는가 싹이 돋는가
그대는 희망 나의 사람아
때로는 안개 속 때로는 연기 속 마냥
아득하고 막막하고 캄캄하게 보일지라도
가슴 속 아릿하게 보이기만 한다면
그러나 오늘은 보이지도 않으니
어떡할 거나 보이지도 않을 땐
어떡할 거나 나의 사람아.

(1981. 04.)

바다로 머무르라

바다로 머무르라 나의 사람아
우리 가슴은 물길 따라 출렁이는 내가 되고 강이 되어
때로 작은 조약돌을 부시다가
때로 자잘한 모래 위를 스치고
때로 미친 듯이 거세어져 종잡을 수 없이 내달리다가
때로 우뚝 선 바위도 두들기고
때로 이리 출렁 때로 저리 출렁
물길 기는 대로 흔들려 쉴 새 없이 흔들려
한곳에 머무름 없이
갖가지 것에 다 마음을 뺏기지만
우리 가슴은 대체 갈피를 잡을 수가 없지만
막판에는 모든 것을 다 잃고 녹초가 되어
기어기어 찾아가는 곳은 오직 하나
바다로 머무르라 나의 사람아
때로 무섭게 일렁여 아무것도 보이지 않으나
돌아서면 끝끝내 푸르게만 남아 있는
그래 오갈 데 없이 다 죽은 가슴들을
내쳐 멀리 쫓지도 팽개치지도 말고
태초의 그 고운 모습으로까지 어루만져

그 푸르고 넓은 가슴으로 가득 품어 안아라.

(1981. 04.)

그리도 피 흘리고서도

그리도 피 흘리고서도 아직껏
피흘림은 다 끝나지 않았습니까
반반한 아스팔트도 곧은 대로도 아닌
수천 쪽에 자잘한 글씨로 가득 채워진
무겁고도 커다란 역사 속에
단 세 줄도 제대로 채우지 못한
보잘것없고 너절한 길을 가는 그대여
갖가지 시와 노래가 그대 향하여 날아
작은 공간도 남겨주지 않은 채
가득 하늘 채우고 두 손 높이 들어 올려
그래 이제 피흘림은 다 끝나고
작은 웃음이나마 웃어 보일 때도 된 것 같은데
대체 오늘도 쉼 없이 털털거리며
그 피 계속 흘리며 가는 그대여
어디서야 그 길은 끝나렵니까
언제서야 피흘림은 멈추렵니까
그리도 피 흘리고서도 아직껏
피흘림은 다 끝나지 않았습니까.

(1981. 04.)

1981년의 진달래꽃

지난해 늦은 봄 어느 먼 도시에서
스러져 떠난다는 말도 다 못한 채
젊은 꽃들이 붉은 피 무수히 토하더니
눈물로나 푸는 듯 눈물로나 알리는 듯
백일이 넘도록 억수 같은 피비가 내려
밤이면 밤마다 밤이 새도록
산도 멀고 공동묘지도 먼
골목골목에서까지 땅을 치더니
쏟아진 피비가 내가 되고 강이 되어
커다랗게 입 벌린 땅속 깊이 숨었다가
그대의 얼굴 열리는 날 땅을 뛰쳐서
한껏 하늘 향해 치솟기라도 했는가
이 해에 유난히도 붉은 빛임은
(1981. 06.)

1980년 8월 2

무도 배추도 짜드라지고
고추는 둥둥 떠서 속이 썩었다
벼꽃은 꽃 필 때에 피지도 못하고
추수 때가 다 된 깨는 한 줌이나 나올까
하늘은 두 달 내내 계속 울었다
시원스레 쏟아지는 소나기도 못되고.
비상사태 어쩌느니 대학은 휴교령
재수 삼수 거듭해서 대학엘 갔으나
강의 한 번 제대로 듣지도 못하고
어쩌는 수 없어서 고향 가는 차를 탔다
차창 밖에는 여전히 비가 내리고
처참한 폐허를 연상시키면서
들판은 온통 죽어 있었다
빗속에서 나는 흐느낌을 들었다
차창 밖을 스치면서 누가 울었다
졸음으로 끄떡이다 깜짝 눈을 뜨니
하얀 그림자가 빗속에 서 있었다
그림자는 두 손으로 허공을 이리저리
끝없이 내저으며 소리를 쳤으나

소리는 소리가 되어 나오지 않았다
그러더니 허공을 치며 눈물을 쏟았고
눈물은 금세 피가 되어 피비로 내렸다
몸부림치는 그림자의 이 가슴 저 가슴은
앞뒤 여기저기 커다랗게 뚫어져 있었고
거기에서 바람이 뛰쳐나왔다
그래서 소리는 소리가 되지 않고
시원스레 쏟아지는 소나기도 못 되었나
차창 밖을 수만의 그림자가 떠돌고
워우워우 끝없는 흐느낌이 울렸다
들판은 온통 죽어 있었고
고향 가는 차 안에 나는 있었다.
(1981. 06.)

하늘아

지난해는 봄부터 가을까지 이어
푸른 문 앞에 회색 물통을 걸고
이 도시 저 도시 이 거리 저 거리서
원통하게 쓰러져 갈 데 못 간 원귀들의
눈물일랑 한숨일랑 울음일랑 모아모아
더 이상 모아 들일 곳이 없어
그제 하염없이 쏟더니만 울더니만
하늘아 우리는 이 봄에 니의
굳게 닫힌 문 앞에서 내뿜어대는
붉은 열기에 다시금 깊은 살의를 느낀다
이제는 다시 울지 않으리라고
언젠가는 오고야 말 그 푸른 날까지
굳게 입 닫고 기다리자 했는가
하늘 뜻이 무엇인지 그 큰 뜻을
장마로 가뭄으로 하려는 말이
무엇인지 이루 다 헬 수는 없지만
밭 갈고 씨 뿌리는 농꾼네들은
하늘 보며 사는 죄 없는 하늘 사람들
몇 년 이어 흉년 들고 또 흉년이라면

이제는 힘도 없이 그냥 무너질 거다
하늘 보며 서 있는 풀 나무 즘생들이
더 이상 하늘을 볼 꿈조차 잃어
고개가 수그러져 꺾어지기 전에
때로 때때로 그 굳게 닫힌
하늘아 문 좀 열어라
푸른 문 좀 열어라.

(1981. 06.)

살아 있었구나

살아 있었구나 나의 사람아
쉼 없이 그대를 기다리기는 했지만
가슴속 한구석서는 어쩔 수 없는
무너져내림에 죽었다고 했었다
살아 있었구나 나의 사람아
강 위를 소리 내어 흐르지는 않았지만
깊은 밤 저 깊은 곳에서
그대는 쉼 없이 흘러가고 있었구나
살아 있었구나 나의 사람아
넓은 들판 우뚝 서서 손짓하지 않았지만
아골골짝 깊은 산 속에서
그대는 쉼 없이 울어대고 있었구나
살아 있었구나 나의 사람아
가냘프고 여려서 보잘 것은 없었지만
들었다 늦으나마 그대 소리 들었다
아, 살아 있었구나 살아 있었구나.
(1981. 06.)

아니야

아니야 지금은 웃을 때가 아니야
허허허 네 활개로 하늘을 내저으며
지금은 노래하며 춤출 때가 아니야
들어보라 어디선가 꺼이꺼이 목을 다 놓고
땅을 치며 가슴 쥐어뜯으며
울음 우는 처절한 울부짖음이
들려오지 않는가 죄없이 잘린
엄마 맘마 소리도 채 배우지 못한
어린 모가지의 하늘을 내쳐 우는*
숨 막힌 아우성이 들려오지 않는가
그래 지금은 웃을 때가 아니야
아니야 노래하며 춤출 때가 아니야
서러워라 그대여 어찌할 건가
이곳은 거룩한 내 아버지 집이라며
몽둥이를 휘어잡고 상을 엎어치던**
그대의 분노는 어찌할 건가
그대의 탄생은 어처구니없게도
피맛 본 흡혈귀의 핏발 선 무지 앞에
어린 피를 불러들여 이 골목 저 골목이

처절한 아비규환 아수라장이 되어버려
때아닌 죽음 맞은 원혼들은 아직도
살아서 원귀 되어 하늘을 떠도는데
거룩한 모양 잡은 입술만이 살아서
아귀찬 가슴 없이 그저 들떠서
삶인지 죽음인지 분별도 하 못한 채
그대의 이름을 마구잡이 들먹이며
그저 허허거리며 노래하며 춤추느리
그대의 거룩한 탄생마저도
한갓 장사꾼의 돈벌이의 수단이
되게 버려두었구나 서러워라 그대여
그래 울어라
허허허 지금은 웃을 때가 아니야
아니야 노래하며 춤출 때가 아니야
땅에는 평화도 하늘에는 영광도
아니야 땅에는 통곡이 하늘에는 한숨이
사방팔방 왼통으로 뻗쳤을 뿐이야
피맛 본 흡혈귀의 더 큰 피의 죽음이
습기 찬 골방에서 모의 될 뿐이야

울어도 울어도 피멍 든 어린 가슴
가슴 속의 피멍을 다 살라내지 못해
허허허 그런데 속 빈 웃음 다 무어냐
어절씨구 노래가 다 무어냐 춤이 무어냐
그 누가 그대의 거룩한 탄생을
기다려만 왔다더냐 거짓스러운 입술 앞에
마구잡이 동댕이쳐진 그대 탄생이
아무의 축살이도 없는 그대 탄생이
그저 가슴 아파라 그래 울어라
너도 같이 꺼이꺼이 목을 다 놓고
피멍 든 가슴들을 함께 울어라
허허허 지금은 웃을 때가 아니야
아니야 노래하며 춤출 때가 아니야
땅에는 평화도 하늘에는 영광도
아니야 천지간에 통곡과 한숨만이
왼통으로 내쳐 가득 뻗쳤을 뿐이야
피맛 본 흡혈귀의 더 큰 피의 죽음이
습기 찬 골방에서 모의 될 뿐이야.

* '헤로데는 박사들에게 속은 것을 알고 몹시 노하였다. 그래서 사람을 보내어 박사들에게 알아본 때를 대중하여 베들레헴과 그 일대에 사는 두 살 이하의 사내아이를 모조리 죽여버렸다.'(공동번역 성서 신약 마태오 2장 16절)

** '그들이 예루살렘에 도착한 뒤, 예수께서는 성전 뜰 안으로 들어가 거기에서 사고팔고 하는 사람들을 쫓아내시며 환전상들의 탁자와 비둘기 장수들의 의자를 둘러 엎으셨다.'(공동번역 성서 신약 마르코 11장 15절).

(1982. 12.)

진달래꽃 먹고

진달래꽃 먹고 눈물을 흘리는가
진달래꽃 먹고 핏물을 흘리는가
그저 서러운 눈물과 핏물만을
힘 잃고 넋 빼고 줄줄이 흘리는가
온 겨울내 마른 뼈다귀로만 머물다가
봄이라고 싹을 틔우고 하늘 향해 어훠둥둥
고운 웃음 온 산천에 흩뿌리는데
그대는 그저 눈물과 핏물인가
봄이다 봄인가 봄이 아닌 이 봄에
허허로운 웃음 뒤에 얼굴을 가리고
오늘도 하늘 향해 달과 별을 기리며
진달래꽃 먹고 진달래꽃 먹고
눈물과 핏물만을 흘리는 이여.

(1983. 04.)

또 봄을 맞으며

어둠 속에서 어둠을 잡는
또 하나의 어둠으로 서서
우리는 누구인가 파도에게 물으니
파도는 꺼르륵 배고프게 웃더라.

갈수록 멀어지는 하늘 아래에서
하늘을 그리다가
우리는 누구인가 바람에게 물으니
바람은 쉿쉿쉿 입을 다물라더라.
(1984. 03.)

개구리

1.
엄동설한에 개구리사냥을 나갔다
이십 리 길 저수지 바위를 들어내고 흙을 뒤집으면
할배 할매 아배 어매에
자식 개구리들 사촌 팔촌 외척에 사돈까지
사돈의 사촌 팔촌 외척에 사돈까지
옹기종기 편안한 겨울잠에 빠졌다가
놀라 깨어 잠이 덜 깬 눈알들을 꿈벅거렸다
죄지은 일 없다고 한 번 꿈벅
물 먹은 일 없다고 두 번 꿈벅
취하지 않았다고 세 번 꿈벅
미치지 않았다고 네 번 꿈벅
꿈벅거리는 눈알들이야 모두 외면하고
아이들은 뒷다리 앞다리 마구 꼬나잡고
갖고 온 비닐봉지에 쑤셔 넣어선
발걸음도 가볍게 휘파람을 불며 돌아왔다
가슴에 불은 일지만 뒤끝은 깨끗하다는
동해백주로 바람 매서운 겨울밤도 외면하고
후라이판에 기름을 붓고 볶아대면
더러는 배가 풍선 마냥 부풀어올라

바람을 덜 빼면 죽어서까지 배알을 튼다니까
아이들은 쇠젓가락으로 배를 찔렀고
풀빛물이 솟아올라 아이들의 눈을 적셨다
아이들 중에 더러는 비린내에 구역질이 난다며
뒷다리 앞다리만 뜯어내어 깨작거렸고
풀빛물 맞은 아이들은 눈을 부라렸다
다리만 깨작거려선 소용이 없어
통째로 먹어야지
통째로 씹어야지

2.
경칩 날 아침에 꽃집에서 물갈이를 하다말고
향그런 꽃내음이나 맡아보려고
카네이션 꽃다발에 코를 박았더니
향그런 꽃내음은 나들이 가고 없고
비릿한 개구리 살내음만 비릿비릿 콧속에 묻어나와
비릿한 개구리 살내음은 그예 꽃다발을 튀어 올라
안개꽃에 옮겨 앉아 자잘한 꽃잎들에 묻은 물방울들을 털다가

국화 송이들을 흔들며 뜀뛰기를 하다가
칸나 줄기를 오르락내리락 미끄럼을 타다가
갑작스레 진달래 철쭉 개나리 장미 백합 제비꽃 나리꽃
꽃잎들을 연거푸 떨어내어 떨어진 꽃잎들은
바람도 없는 꽃집의 사방팔방에서 흩날리고 흩날리며
비릿한 개구리 살내음을 비릿비릿 풍기더니 소리가 되어
휘휘 돌며 한바탕 어우러져 목쉰 노래에 춤을 추다가
잠자는 화분이랑 화병 수반이랑 수석
돌배 으름 동백이랑 소나무의 잠을 깨우며
개워개워개워르르륵개개개!
죄지은 일 없소 하늘로 뛰어올라 머리를 박으며
물 먹은 일 없소 배를 부풀리며
취하지 않았소 부푼 배알들을 터치며
미치지 않았소 풀빛물을 솟아올리며
이리 뛰고 저리 돌고 땅을 치고 흙을 물어뜯으며
개워개워개워르르륵개개개!
개워개워개워르르륵개개개!자식들

(1984. 05.)

(2002. 제1시집 『속살 드러낸 것들은 모두 아름답다』에서 재수록)

진달래

돌아오는구나
끌려간 아이들이 돌아오는구나
끌려가 스러져 바스라져
땅속으로
하늘로
바다로
사라져간 아이들이 되살아오는구나.

들었다
억수 같은 피비가 쏟아지는
밤이면 밤마다
밤이 새도록
산도 멀고 공동묘지도 먼
골목골목에서까지 땅을 치는
흐느낌 울부짖음
피울음소리.

일어서는구나
숨져간 아이들이 일어서는구나

어둔 땅 뚫고
검은 구름 헤치며
거센 파도 가르며
쫓겨난 이름들 다시 불러모으며
어둠 속에 잠긴 아침 깨우며 깨우며
일어서 하늘 향해 치솟는구나.

(1986. 06.)

바람

그해 봄, 온 산천에 진달래 흐드러지게 붉은 날, 그 가슴에 숭숭 바람구멍 뚫리더니, 당신이여, 이 겨울에 듣는 바람 소리는, 당신의 그 가슴 깊은 곳에서 솨아솨 물 흐르듯 흐릅니다.

(1986. 11.)

광주

겨울에 광주를 거쳐서 전주로 갔다.
봄에 다시 광주를 거쳐서 부산으로 갔다.
부산을 거쳐서 안태 고향에 왔을 때,
다시는 광주에 갈 수 없음을 알았다.

하여 지금까지 나는 광주에 있다.
광주의 겨울과 봄 사이에 있다.
수십 년의 시간이 흘렀어도 광주는 여전하고,
나는 광주에 있고, 광주에 가고 싶다.

(2019. 10)

(2020. 제4시집 『상처를 만지다』에서 재수록)

|해설|

나선으로 걷는 자의 흰, 욕망

—남태식 시의 특질

손현숙 | 시인

삶이란 차가운 바람을 맞는 것이며
고독한 것이며, 고통스러운 경험일 뿐이다.
—「세상의 친절함에 대하여」, 브레히트

보리수나무에 열매가 한창이다. 꽃들이 하얗게 흐드러지더니, 색에 색을 포개면서 꽃은 열매로 몸을 바꿨다. 어떻게 흰, 은 제 속에 붉음을 담고 있어서 가지가 찢어지게 열매를 매달 수 있었을까. 나무의 세상을 흰, 에서 붉음으로 색을 바꿀 수 있었을까. 햇빛을 담아 투명한 열매 한 알을 입에 넣는 순간, 까치 한 마리가 정수리를 쫀다. 생각하지도 못한 공격에 부동의 자세를 취하는 동안 또 다른 까치의 공격을 받았다.

나의 어떤 행동이 저들에게는 나를 적으로 간파하게 한 것이다. 파동 없던 그간의 생활을 되짚어본다. 새는 날개를 저을 수 있는 하늘 공간에서, 사람은 걸어서 갈 수 있는 곳까지 땅을 일구면서 저마다 살았다. 우리는 서로 수평과 수직의 자연 안에서 평등을 누리고 살았던 것 같은데. 왜 저들은 갑자기 태도를 바꾸어서 사람을 공격하는 것일까. 어떤 절박이 이런 무모함을 불사하게 했으리라. 목숨을 내놓듯이 서슴없이 행동하게 하는 그 절박은 무엇일까, 궁금해하면서 주위를 살핀다.

새들은 이런 무모한 행동이 무엇인가를 지키거나 지켜낼 수 있다고 생각하는 것일까, 엉뚱한 생각에 도달하자 남태식 시인의 "배제의 언어"와 "삭제의 언어"가 생각났다. 왜 시인은 포함과 삽입의 언어가 아닌 배제와 삭제를 염두에 두었을까. 그러면서 시인은 발견과 발명 또한 멀지 않음을 선언한다. 그것은 마치 떠난 적 없는데 도달한 지점 같았고, 행동하지 못했지만 가담했던 목격자의 시선이다. 그런 남태식의 시어 속에는 권력의 언어에 관하여 오래 깊이 사색했던 흔적이 역력하다. 세상과 뜨겁게 맞서고 싶었지만 뒷걸음쳐야 했던 현실 앞에서의 속수무책. 앞으로 걷고 싶은 욕망이 앞서면 앞설수록 혼자 뒤로 물러서고 있다는 현실적 자괴감.

그것은 남태식의 욕망이 욕망을 죽이는 욕망으로, 그가 최초의 욕망을 탈출하는 방법이었다. 악의 없이 순응하면서도 정신승리를 꿈꾸었던 시인은 더러는 패배를 자인하면서 또 더러는 회의하면서 깨끗한 세상의 흰, 과 어쩔 수 없는 얼룩에 대하여 생각한다. 그는 어쩌면 잠이나 꿈 말고는 세상 속으로 걸어 나갈 수 없었을지도 모른다. 그렇게 그가 살기 위해서 선택한 기면嗜眠, 그것은 악의 없이 저를 죽이면서 살리는 유일한 방법이 아니었을까. 잠들어서 탈출하고 싶은 자의 욕망. 그리고 그의 이런 시작 태도는 몽유의 한 방법처럼, 주술사의 주술처럼 시의 형태를 길게 늘어세운다. 시인으로 혹은 시의 형태로 주목하거나 기억하게 하는 그만의 낯선 방식. 시인은 시 속에서 패배했다는 인식이 없다. 그러나 그것은 어쩌면 새들의 공격처럼 세상에 대한 패배를 전제로 하는 시 쓰기의 방법일지도 모른다.

시인은 세계를 바꿀 수 있을까? 적극적으로 기만할 수도, 그렇다고 정면으로 나설 수도 없는 경계에서 남태식은 시의 의미를 부여한다. 시인은 완벽한 소멸을 꿈꾸지만, 다음 생이 있다면 그는 다른 생명을 먹지 않아도 되는 돌이나 물이나 그런 것들로 태어나기를 바란다. 아니 그것보다 더 나아가서 "잊히기 전에 불리지도 않는 돌", 이 되기를 염원한다. 다시 처음으로 돌아가서 새들은 왜 느닷없이 사람을 공격했을까. 그렇다면 시는 혹은 시인은 세상을 바꿀 수 있을까?

나선으로 뒷걸음치면서도 한 번도 패배하지 않았던 남태식의 시를 읽으면서 곰곰 생각해 볼 일이다.

여기에서는 #가장자리는 힘이 세다 #슬픔과 연민, 그리고 비애를 품고 사는 #기어이 깨어나야 하는 현실, 을 읽어 본다.

가장자리는 힘이 세다

남편이 죽었을 때
여자는
가족들을 건사하는
유일한 부양자였지만
호주는
미성년자인
아들에게로 넘어갔다.

그때는
그것이 법이었다.

여자는 죽어서
새집을 마련하고
단독 일가를 이루었다.

오래전 떠난 남편이
예고 없이
새집의 한 귀퉁이를
비집고 들어오고
새 일가의
호주가
결정되었다.

호주는
남편이었다.

여자는
죽어서도
호주가 못 되었다.

—「호주戶主」 전문

위의 시에서 여자로 불리는 화자는 한 번도 주인공이 된 적 없는 인물이다. 그럼에도 불구하고 여자는 "남편이 죽었을 때/여자는/가족들을 건사하는/유일한 부양자였"던 것으로 보아 여자는 실제적인 가장의 역할을 이행했음이 자명하다. 그렇다면 여자의 위상은 어떠했을까. 그러나 그것은 독자들의 상상을 빗나간다. 여자는 남편의 부재에도 꺾이지 않는 당당한 가장이었지만, 호주, 즉 가족을 거느리며 부양하는 일에 권리와 의무가 있는 한 집안의 주인은 될 수 없었다. 그녀에게 주어진 의무는 단지 부양의 책무였을 뿐, 여자의 입장은 늘 누군가에 속하는 인물로 묘사가 된다. 그리고 마지막 연에서 더 극적으로 내비치는 여자의 의무는 이생은 커녕 내생에서도 주인이 되지 못한다는 비극이다. 시인은 시의 제목을 비유도 상징도 없이 호주戶主,로 내세우면서 그간의 사건들을 서술하는 것으로 시를 완성한다. 독자의 입장에서는 이야기의 서사를 따라가면 갈수록 여자의 정체가 궁금하다. 시 속의 여자는 누굴까? 그리고 그 여자의 성정은 도대체 어떠했는데, 그럼에도 불구하고 입처개진을 주도했던 것일까. 다음의 시를 읽어본다.

뻔한 쥐꼬리마저
반으로 뚝 잘라갈
칼날을 들이밀고
요릿집 마담들은
안마당 저 멀찍이
알아서 물러나 섰다.

화려한 옷차림에
짙은 화장,
그러나
흉잡을 수 없는!

여자는 얼른

마담들을 불러들여
준비한 봉투들을
내밀었다.

"거친 사내들,
농지거리
허튼짓
다 받아주느라,
고생들 했지요,
내달에도 부탁해요."

—「청구를 받다」, 전문

앞의 시와 맥을 잇는 위의 시 또한 그 여자의 서사다. 사건과 장면만으로도 시가 된다는 것을 보여주는 두 편의 시는 마치 대하드라마의 한 장면을 묘사하는 것 같다. 여염집 아낙의 입장에서는 요릿집 마담 자체가 꺼려 마땅한 존재들이다. 거기다 외상값 청구까지 하는 마담들은 당연히 무시되거나 외면하고 싶은 대상들이다. 그런데 의외로 시의 장면은 여자의 태도를 사뭇 의연하게 묘사한다. 그것은 살아서도 죽어서도 호주는 되지 못했지만, 끝까지 가족을 당당하게 부양했던 한 여인의 모습이 어렵지 않게 겹쳐서 보인다. 그렇다면 이 청구를 하게 한 장본인은 누구였을까. 남태식 시인의 시 속에는 아버지가 거의 부재한다. 대신 어머니로 치환되는 여자의 상은 시집 곳곳에서 어렵지 않게 출몰

한다. 따라서 시 속에 종종 등장하는 어머니, 즉 여자로 지칭되는 화자는 전쟁터의 장군처럼 늠름하면서도 삶의 지혜가 있는 아름다운 여인이다. 시의 마지막 연에서 발화하는 화자의 "거친 사내들,/농지거리/허튼짓/다 받아주느라,/고생들 했지요,/내달에도 부탁해요."는 농담을 넘어서는, 사람에 대한 예절 혹은 의리까지도 보여준다. 왜 안 그렇겠는가. 화자는 여자를 넘어서서 새끼를 먹이고 입히면서 부양해야 했던 어머니였다. 다시 말하면 여자는 암울 속에서도 넘어지지 않고 오히려 유머와 재치를 장착했던 우리들의 어머니였다.

뭉뚱그리는 세월이
외사랑과 짝사랑과 스토커를
한꺼번에 다 삼킨다.

편향된 확증이라고 해야 하나.
흰색도 하나의 색
절대순수의 색깔이 다 빠졌다.

무거워 소리를 멈춘 방울들
몇 날이라도 더 가보는 마음은
먼눈으로 보는 얼굴빛이다.

묘지의 입구에서 던지는

오랜 낚시질은 공염불이어도
혹시나 매달리는 욕구들.

이팝꽃 진다. 이팝꽃은 지고,
이밥꿈은 더 이미 졌으니…
새 가로수는 대단히 복고復古다.

—「이팝꽃 진다」, 전문

얼룩은 순수가 바탕이어야 한다. 순수가 없는 상황에서는 얼룩도 드러나지 않는다. 병든 상태란 차라리 그런 것이다. 바탕의 흰, 이 없어서 색이 드러나지 않는 상황. 모두가 병들었는데 아무도 아프지 않은 것. 위의 시에서는 이팝꽃의 어원인 이밥의 꿈을 사색한다. 지독하게 그리워하면서도 혼자였던 외사랑과 짝사랑과 그 경계를 넘어섰던 스토커까지도 하얗게 뒤로 물러서는 경험이다. 절대 순수라고 생각했던 흰색도 이제는 퇴색했으니, 시인은 먼 과거의 얼굴이지만 여전히 가슴에 남아있는 절대 순수의 시절을 그리워한다. 그 얼굴은 먼 눈빛으로, 그 혹은 그녀는 묘지에 묻혀있는 모양이다. 이제는 더 이상 순수하지 않아서 "절대순수의 색깔이 다 빠졌다."로 발화되지만 그래도 복고로 간직하는 "혹시나 매달리는 욕구들." 그것은 "몇 날이라도 더 가보는 마음"으로 나선으로 걷는 자의 흰, 욕망이다.

그가 있었다.

원 안의
원 안의
원 안의

중심에.

그가 갔다.

원 밖의
원 밖의
원 밖의

밖으로.

그제서야 보였다.

그 원을
감싸고 있는

가장자리
가장자리
가장자리……

아.

저 견고한
성벽.

—「그제서야 보이는」, 전문

시인의 시집을 관통하는 '가장자리'에 대한 사색은 사실 남태식 시어의 중심사상이다. 중심을 염원하지는 않지만 중심이 아닌 적 없는 사람. 천천히 뒤로 물러나는 것 같지만, 보이지 않는 걸음으로 매일 앞으로 조금씩 나아갔던 생애. 누군가의 주목을 허락하지도 않으면서 또 누군가를 크게 주목하지도 않았던 세월. 누구나 주목받는 생이기를 원하지만, 그 주목을 받는 방법은 또 여러 가지가 있을진대, 남태식 시인의 중심으로 가는 방법은 세상의 방법과는 사뭇 다르다. 중심을 향해 들어가면서도 밖으로의 탈출을 시도한다. 그것은 밖으로 나아가면서 또 안을 모색하는 몰입. 그제야 보이는 가장자리, 시인이 지키고 싶었던 자기만의 성벽이다.

슬픔과 연민, 그리고 비애를 품고 사는

제때 손 안 내밀어
뒤집혀 가라앉는 배 앞에서
나는 묶인 손.

나는 촛불을 드는 손,

내미는 당신들의 손을
잡는 손, 포개는 손, 내맡기는 손.

하지만 당신들은 연속으로
나중에, 나중에, 나중에…
밀어내는 손, 휘젓는 손,
꺾는 손, 뒤집는 손,
올리기는커녕 도리어
배들을 더 내리누르는 손.

나는 촛불을 들었던 손,
이제는 거두는 손,
뒤집힌 판을 다시 뒤집는 손

—「손들」, 전문

사실주의 문학은 현실을 그대로 반영하는 것을 중요하게 여기는 문학적 운동이다. 이는 현실주의 문학으로도 통용되는데, 현실을 그대로 담아내는 것을 중요시하기 때문에 이야기의 배경 등을 실제 사실과 유사하게 그려내는 것에 집중한다. 위의 시에서 드러나는 "손"은 무엇인가를 했거나 혹은 하지 못했던 실제의 손이다. 이는 행동을 전제로 하면서 가담했거나 감당하지 못했던 손, 부정했거나 부정당했던 손에 관한 묘사이자 서사이다. 그러니까 시에서 발화하는 손은 사실상 은유의 대상이면서 또한 실제의 손이다. 시에서 발화하는 손의 의미는 회의하거나 실망하거나 자책하거나 분노하는 손, 즉 현실을 반영한다. 그래서 그런지 시의 장면마다 기표로 등장하는 배, 촛불, 당신, 판, 등등은 우리가 익히 알고 겪었던 세월호와 촛불집회를 연상하게 한다. 그러니까 시인은 그때 그 시간 당신은 어디에 있었고, 또 무엇을 하였나, 를 질문한다. 시인은 위의 시를 통해 독자들에게 사회적 문제를 인식시키면서 고발하는 정치적 메시지도 살며시 드러낸다.

윤회 없는
소멸을 꿈꿨다.

불에 태워져
재로 뿌려져
먼지로도 다시
태어나지 않기를…

누군가 딱 잘랐다.
해탈만이
가능한 일

누구나 다
언덕을 넘고
너머에 이르지만

언덕도
너머도 다
다르다는 말씀?

돌이나 물이나 그런
태어남을 말한
시인이 있었지.

그럼 이제부터
돌로 태어나기를…

사람에서 돌로
돌에서 돌로
돌에서

누구의 눈도
담지 않고
누구의 손도
타지 않고
잊히기 전에
불리지도 않는
그런

돌,
돌,

돌,

돌,

돌로…

―「돌이나 물이나 그런」, 전문

가끔씩 질문을 받는다. 다음 생에는 무엇으로 다시 태어나고 싶으냐는 질문이다. 더러는 다음 생에 서로를 잘 알아보고 좋은 인연으로 또 한 생을 살아보자는 약속을 하기도 한다. 어려서는 이런 약속과 질문들을 진지하게 받아들여서 고민도 꽤 깊이 하던 시절이 있었다. 그런데 살짝 어리석은 대목은 사람으로 태어날 수 있을까, 를 놓쳤다고만 생각했다. 무엇으로라도 세상에 다시 온다는 전제 아래 누구로 태어날까를 고민했었던 것이다. 그리고 시간이 흘러 이제는 정말 윤회가 있어서 또 사람의 탈을 쓴 인생으로 태어나면 어쩌지, 라는 부질없는 고민도 한다. 이상한 것은 왜 다시 태어나는 것을 전제로 했는지는 잘 모르겠다는 점이다. 태어나라는 법도 없고, 태어나지 말라는 법도 없다. 그것은 오직 신의 영역. 누구도 넘볼 수 없는 영역이다. 그러나 지금은 다만 우리가 사람의 영혼을 경험하는 중이라는 생각은 있다. 어쨌거나 시인은 그 모든 것을 거절한다. 사람으로도 축생으로도 모습이 변하는 어떤 모습으로도 태어나고 싶지 않다고 선언한다. 먹고 먹히는 관계에서 벗어나서 순하고 연하면서도 이름 불리지 않는 돌로 태어나고 싶다고 한다.

먼지로라도 태어나지 않는 일은 해탈만이 가능하므로 실패에 실패를 거듭하는 인생으로는 그런 소망은 이루어지지 않는 것이다. 그렇다면 시인은 돌, 돌로 태어나면 좋겠다고 한다. 누구의 간섭도 받거나 주지 않아도 되는, 그저 거기 있어서 이름 불리지 않아도 되는 돌, 돌이 되고 싶다고 한다. 누군가에게 가혹하게 잊히는 일 없이, 잊히기도 전에 부름도 받지 않는 돌이 되고 싶은 시인, 화자에게 무슨 일이 있었던 걸까. 아마도 시인은 어쩔 수 없이 살아내야만 하는 이번 생이 고단한 모양이다.

그때부터였다.

나는
잊었다.

혼밥 점심 밥상머리에서
고개 숙였을 때
불현듯 터지던 기도는

늘 하던
감사가 아닌,

사랑합니다!

응답이
있었던가?

있었거나 없었거나

기도가
고백으로
터진

그때부터였다.

나는
멈췄다.

애써 기구祈求하지 않고,
애써
살았다!

—「사랑」, 전문

사랑도 때로는 버거울 때가 있다. 외사랑과 짝사랑을 경험했던 화자는 사랑의 지난함을 이미 알고 있는 사람이다. 시의 정황상 화자는 신께 자신을 의탁하는 사람이다. 기도를 하면서 감사하다는 발화가 그만 사랑합니다, 로 터져버렸던 경험. 안으로, 안으로만 새기던 외사랑이 불현듯 튀어

나왔던 경험이다. 그러나 사랑은, 고백은, 현실이 되지 못하고 시인은 그저 그렇게 삶을 영위한다. 아마도 그때부터였나 보다. 신에게 간구해도 닿지 않는 기도에 관하여, 다시 치환하면 절실하게 살아냈지만 가고자 하는 곳까지 가지 못했던 확인 같은 거. 화자는 "나는/멈췄다"로 결심을 한다. 그때부터 화자, 곧 시인은 사랑을 "애써 기구祈求하지 않고/애써/살았다!"로 이루고 싶었으나, 이룰 수 없었던 사랑의 본질에 대해 순응하지만, 회의한다.

기어이 깨어나야 하는 현실

잠은 늘
난데없이 주저앉았다.

긴말이었어도 말은
다 잠꼬대였다.

밤샘 노숙을 면한 것이
그나마 다행이었을까.

깨어 보니
유치장이었다.

깨어 보니

정신병원이었다.

깨어 보니
응급실이었다.

—「기면嗜眠, 몽유夢遊에 들다」 전문

기면증은 정서적인 요인이 발병의 원인으로 작용을 한다. 시인은 무슨 이유인지는 몰라도 이번 시집 속에 기면에 대하여 여러 편의 시들을 수록하고 있다. 시도 때도 없이 졸음이 몰려와서 저가 저를 이기지 못하는 상황. 이것을 기면의 증세로 볼 때, 그러나 이것을 조금 더 문학적으로 풀어보면 잠으로 현실을 외면하고 싶은 면모도 보인다. 잠이 아니면 이길 수 없는 현실. 그것은 고통을 배제한 몽유와도 같아서 거친 현실을 외면하거나, 소극적이지만 오늘의 삶을 도피하는 정신의 처소 역할도 한다. 위의 시는 제목 「기면嗜眠, 몽유夢遊에 들다」,로 보아 시인이 직접 체험한 현실을 기록했음을 알겠다. 느닷없이 들이닥치는 졸음은 신호 없이 뒤통수를 갈기는 현실과도 같아서 시인을 그 자리에 주저앉히게 하는 무엇이다. 그런 경험이 배경이 되는 위의 시에서 화자가 왜, 언제, 어떻게 기면의 상태에 들었는지에 대한 정황의 설명은 없다. 다만 느닷없이 들이닥친 기면으로 시인은 장소를 불문하고 잠, 혹은 꿈에 들었고, 그것은 원하지 않은 현실을 맞닥뜨려야 하는 우리들의 삶이었다. 그렇게 몽유에서 깨어난 시인의 오늘은 비루하게도 유치장이거나, 정신병원이거나, 응급실이었던 것이다. 그렇게 삶은 깨어있어도, 잠을 자면서도 나선으로 흘러서 고통은 고통으로 승계되는 것인지도 모른다.

5분이면 닿을 길
자져 깨져 하며 또
한나절이 다 간다.

지나쳐 더 안타까운
자져 깨져 하며 살아온 생은
끝내 몰라야 약이었을까.

껴안고 꾸벅꾸벅
자져 깨져 하며 1갑자를
돌아서 와 겨우 알아채고는

느꺼워 새삼스레
자져 깨져 하며 맞는
연민의 시간들.

—「기면嗜眠, 연민에 들다」, 전문

한 밤을 자고 나면 이번생이고, 또 한 잠을 자고 나면 다음 다음생일지도 모른다. 그렇게 한 잠, 한 잠, 그 짧은 순간에 우리는 새끼 낳고 또 새끼 낳고 살고 죽으면서 한 생을 살다가 돌아가는 것이다. 위의 시에서 화자는 그렇게 이번생은 자다가 깨다가 하면서 살아온 생이라고 발화한다. 그것은 자는 것과 깨어있는 것을 등가의 원칙 아래 두면서 자는 것도 삶이고 깨는 것도 삶이라 언표한다. 아주 즐겁거나 싫지만은 않은 생, "꾸벅꾸벅"의 발화는 1갑자를 돌아서 겨우 다시 찾은 이번 생이었음에도 불구하고, 라는 문장이 숨겨져 있다. 그렇게 지난하게 다시 찾아온 이번 생. 복받치면서, 알아차리면서, 다시 오늘을 살아간다. 자는 듯이, 꿈꾸는 듯이 연민에 들면서 다시 또 그 너머, 너머를 향해 가는 당신이나 나나 시인이나 모두 고단한 생이다.

이상으로 남태식 시인의 시를 읽었다. 순응과 전진이라는 양날의 검을 들고 오래 시를 써왔던 시인의 시를 읽는 일은 즐겁지만 어려운 작업이었다. 기면의 자세로 탈출을 욕망하는 시인의 내면, 그것은 고요하지만 뜨거웠다. 그 뜨겁지만 표출하지 못했던 시인의 정서는 여기에서는 다루지 않았지만 "광주" 시편에서 돋보였다.

마지막으로 남태식 시인의 아름다운 시 한 편을 소개하는 것으로 글을 마친다.

지난해 늦은 봄 어느 먼 도시에서

스러져 떠난다는 말도 다 못한 채
젊은 꽃들이 붉은 피 무수히 토하더니
눈물로나 푸는 듯 눈물로나 알리는 듯
백일이 넘도록 억수 같은 피비가 내려
밤이면 밤마다 밤이 새도록
산도 멀고 공동묘지도 먼
골목골목에서까지 땅을 치더니
쏟아진 피비가 내가 되고 강이 되어
커다랗게 입 벌린 땅속 깊이 숨었다가
그대의 얼굴 열리는 날 땅을 뚫쳐서
한껏 하늘 향해 치솟기라도 했는가
이 해에 유난히도 붉은 빛임은
(1981. 06.)

—「1981년의 진달래꽃」, 전문